L'Harmonie
des Énergies

Du même auteur
aux Éditions Albin Michel

Dis-moi où tu as mal, je te dirai pourquoi, 2002.
Cheveu, parle-moi de moi, avec Rémi Portrait, 2002.
Dis-moi où tu as mal, le lexique, 2003.
La Phyto-énergétique, avec Elske Miles, 2004.
Un corps pour me soigner, une âme pour me guérir, 2006.

MICHEL ODOUL

L'Harmonie des Énergies

*Guide de la Pratique taoïste
et des fondements du Shiatsu*

Préface de Bernard Alexandre
Dessins de Jean-Pierre Delisse

Albin Michel

© Dervy pour les précédentes éditions

Nouvelle édition revue et corrigée:
© Éditions Albin Michel, 2002

*À Nelly,
sans qui rien de tout ceci
n'aurait été possible.*

Préface

L'art débouche sur la pratique du geste. En ce sens, Michel Odoul est un artiste : il a le geste juste qui permet à la nature d'œuvrer. Dans cet ouvrage, il livre au lecteur ce qu'il enseigne dans ses séminaires : le geste qui touche, qui ouvre, qui libère les différentes Énergies. Il restaure ainsi, par leur Harmonisation, cette trame énergétique que nous possédons tous et qui subit trop souvent le mauvais traitement de notre corps. Nous le savons bien, les partisans du « marche ou crève » sont encore nombreux à mésestimer ce temple de l'âme.

S'il est vrai que le corps est ignoré, malmené, cabossé par la vie et nous-mêmes, le corps énergétique, moins connu, premier niveau du subtil en nous, accuse les drames de la cohabitation douloureuse et de l'émiettement intérieur, bien avant que le corps physique ne souffre.

Nombreux sont ceux qui cherchent l'apaisement et rêvent d'une unité harmonieuse. Hélas, l'esprit, prisonnier de ses schèmes, résiste et malheureusement le corps physique se défend contre ce qui pourrait le sauver. Quel dieu malin nous a plongés dans la dualité ? Serait-ce pour mieux nous permettre de rechercher la cohésion de l'unique ?

Michel Odoul est un croyant. Il croit en la nature, il croit dans la vie. Si je l'ai bien compris, il pense que la vie mal cultivée engendre la souffrance, s'amenuise puis disparaît.

Cette vie, il la vénère. Il nous enseigne, par le juste toucher, à la retrouver en nous et à aider l'autre à l'accepter aux différents lieux de son corps. Le physique la ressent alors que l'affectif la reçoit et le cœur s'apaise. Alors l'esprit s'affermit et l'émiettement cesse. En d'autres termes, le geste recentre, l'harmonie s'établit et la paix finit par régner.

Depuis longtemps, Michel Odoul pensait qu'un salutaire retour à l'essentiel par une approche holistique et globale était nécessaire. Son approche a principalement sa source dans la connaissance de la trame énergétique que les Indes, la Chine, le Japon et aussi une certaine tradition européenne ont su conserver.

Dans son gros effort de clarification, l'auteur se soucie constamment de favoriser le retour à l'équilibre ou mieux encore : rendre le corps-esprit conscient des moyens simples pour recevoir-générer l'Harmonie.

Pendant la première partie des séminaires qu'anime l'auteur, chacun est frappé par cette approche qui permet de s'alléger des fardeaux plus ou moins consciemment perçus mais toujours de plus en plus lourds, la seconde étant consacrée à l'Harmonisation des Énergies. En fait, il n'y a pas lieu de distinguer les deux parties, la seconde est seulement la perception d'un flux connu depuis six mille ans. La pratique de flux dans ses diverses manifestations engendre l'Harmonie. Pratiquée sur soi-même ou, mieux encore, à deux, la Pratique taoïste des Énergies, et particulièrement du Shiatsu, permet de ressentir la vie et par là de retrouver confiance et joie. Je souhaite au lecteur de les éprouver.

Bernard Alexandre

L'Harmonie des Énergies

Rythme ou difficultés de vie, stress, conflits, violence, bruit, manque de communication, etc., tout tend depuis toujours à perturber l'harmonie fragile de l'être humain et en particulier ses structures énergétiques. Cela crée des déséquilibres dans la circulation de ses Énergies intérieures. Si ceux-ci disparaissent suffisamment tôt, les seules marques perceptibles de leur existence auront été des sensations de tension ou de blocage dans certains points du corps. Celui-là n'aura pas été réellement touché en profondeur. Mais, en revanche, si on laisse ces perturbations s'installer et, petit à petit, se cristalliser, les fonctions organiques correspondant aux zones déséquilibrées seront elles-mêmes perturbées avec toutes les conséquences que cela implique, en particulier pour la santé.

Le rapport avec la nature, si fort et nécessaire pour nous aider à retrouver notre Harmonie, n'existe pratiquement plus. Chacun subit malheureusement ces déséquilibres. Il doit alors rechercher des pratiques ou des méthodes qui lui permettent de compenser, voire de pallier ces faiblesses. Quelle sensation extraordinaire, en effet, que de sentir tout son corps respirer à nouveau librement et pleinement ! Quel plaisir que de pouvoir retrouver cette sensation mais aussi la redonner à l'autre ou la recevoir de lui ! Car l'homme est avant tout un être social pour qui la communication est essentielle. Nous avons particulièrement développé le verbe mais nous avons un peu oublié qu'avant ce mode culturel nous avions tous utilisé le geste et le toucher pour communiquer. Le premier réflexe de celui qui souffre n'est-il pas, d'ailleurs, de porter la main là où il a mal ? La main, ce merveilleux outil dont nous disposons tous et qui porte en lui tous les potentiels de symbolique, de perception, de communication et de rapport avec les autres et le monde environnant.

Nous avons enfin un peu oublié que le corps humain est une globalité où somatique et psychologique sont indissociables. Un déséquilibre ne peut pas exister seul et chaque forme de perturbation (plénitude ou vide) a toujours sa contrepartie et son parallèle. C'est pourquoi il est préférable et bon de rechercher une pratique globale qui tient compte de l'individu dans son intégralité et non dans la somme réductrice des parties qui le composent. Le corps humain est une réalité extraordinaire où rien n'existe en dehors de l'ensemble et où tout existe pour l'ensemble.

C'est pour cela que seule une méthode holistique peut nous permettre d'obtenir de bons résultats. Un travail partiel (comme on le pratique malheureusement trop souvent) ne traitera qu'un point particulier (la partie du corps où la tension se manifeste physiologiquement). Il laissera, de ce fait, au fond de nous-mêmes, un sentiment d'insatisfaction, d'incomplet, qui ne peut qu'être néfaste car il rouvre potentiellement la porte à un nouveau déséquilibre.

Il existe au moins une méthode. Elle s'appelle Shiatsu. Il s'agit d'une technique simple et efficace qui utilise deux outils, la main et sa fabuleuse puissance énergétique et l'attitude intérieure du pratiquant. Son action équilibrante et profonde va redonner au corps et à l'esprit tout leur potentiel d'harmonie.

Dérivée de la philosophie médicale chinoise taoïste, son but est de chercher à éliminer les perturbations énergétiques. Elle va ainsi « gommer » les tensions qui apparaissent dans le corps de chaque individu et qui sont à la base de son mal-être. La disparition de ces déséquilibres procure une sensation euphorisante et relaxante. On a le sentiment de renouer avec quelque chose dont on n'avait plus conscience depuis longtemps. Affinée et utilisée totalement, cette pratique va jusqu'à un niveau très profond. À travers son travail de rééquilibrage énergétique, elle va avoir pour conséquence de faire disparaître des problèmes d'ordre physiologique, qui ne sont en effet bien souvent que les manifestations visibles de nos tensions intérieures.

Première partie

Présentation philosophique générale

Depuis plusieurs millénaires, les peuples d'Extrême-Orient, et en premier lieu le peuple chinois, connaissent et vivent quotidiennement avec et dans une réalité philosophique et énergétique qui s'appelle le Tao.

Le Tao n'est pas, comme on a trop souvent voulu le présenter en Occident (où le besoin d'étiqueter est maladif), un concept purement philosophique ou religieux. Il s'agit en réalité et tout simplement d'une mise en forme et en adéquation de l'homme avec l'Énergie Universelle qui sous-tend et anime tout dans l'Univers.

Chaque Chinois sait, au fond de lui-même, que vouloir parler du Tao c'est déjà parler d'autre chose. Le fait d'essayer de l'expliquer ou de le comprendre c'est, en le cristallisant, le réduire à néant. En tant que mise en forme de l'énergie, il est en effet toujours en mouvement et donc insaisissable. Seul le vécu profond de cette réalité, intangible et déroutante, peut permettre un jour de déchirer de façon fugitive le voile de notre intellect réducteur. Nous pourrons peut-être alors, avec beaucoup de patience et d'humilité, balayer nos acquis mystico-culturels afin de percevoir, le temps d'un instant, cette omniprésence « inconnaissable » du Tao.

Notre propos n'est donc surtout pas de chercher à l'appréhender ou à l'expliquer mais, par l'évocation de sa réalité, d'arriver à saisir ce qui sous-tend toute la technique d'Harmonisation des Énergies que nous allons présenter dans le présent ouvrage.

Ainsi que tous les scientifiques l'ont constaté depuis longtemps déjà, l'infiniment petit et l'infiniment grand présentent les mêmes structures et fonctionnent toujours selon les mêmes schémas énergétiques. Il suffit de comparer la structure d'un atome avec celle des galaxies ou de connaître les influences énergétiques des planètes (marées lunaires ou solaires, effets de la pleine lune sur les personnes fragiles, etc.) pour s'en convaincre.

Dans le macrocosme qu'est l'Univers, l'homme est donc un microcosme qui respecte ce principe. Sa structure interne et ses Énergies profondes fonctionnent comme celles de l'Univers. Il se présente donc comme une entité ayant une autonomie de fonctionnement réelle mais qui subit cependant toute une série d'influences énergétiques qui vont le faire évoluer dans le temps et la forme selon un processus propre à chaque individu. Ce processus sera la résultante de toutes ces Énergies affectées des coefficients correcteurs que seront sa typologie et sa capacité d'ouverture. C'est grâce à cette capacité qu'il sera à même d'assimiler positivement ces Énergies en les canalisant ou bien qu'il les subira.

Pour toutes ces raisons, il apparaît qu'un homme parfaitement équilibré n'existe pas. Ce qui importe, c'est la volonté de recherche de sa meilleure Harmonie intérieure, tout en assumant ses déséquilibres et en sachant qu'ils forment sa personnalité caractérielle vivante. Il est donc préférable de ne pas les considérer comme des fatalités inéluctables et de ne pas les subir.

PRÉSENTATION PHILOSOPHIQUE GÉNÉRALE 17

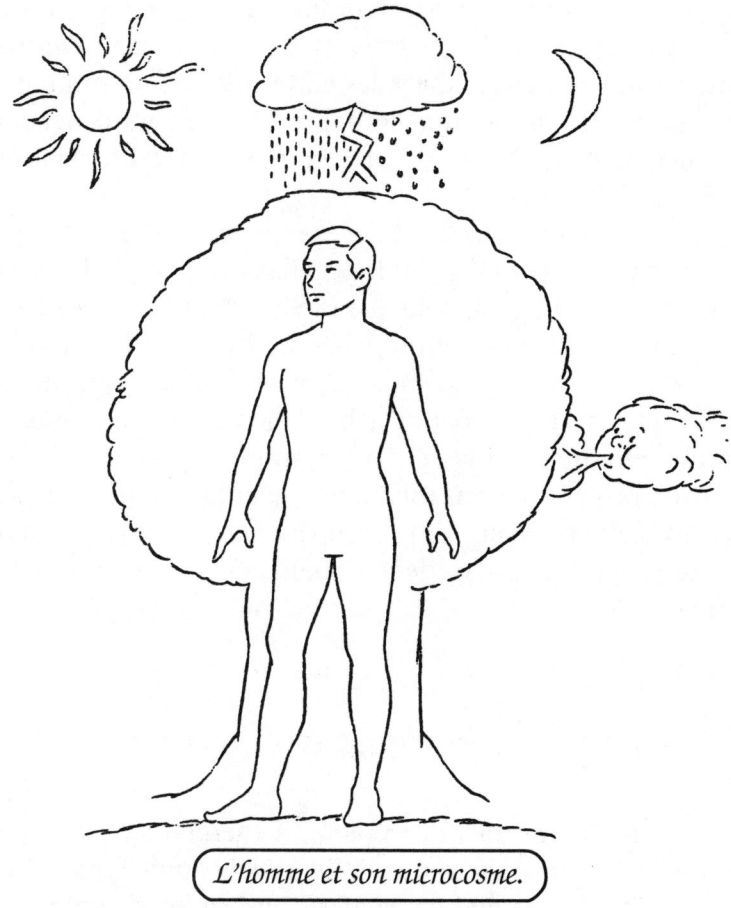

L'homme et son microcosme.

Il n'y a, en effet, ni hasard ni fatalité dans la vie, mais une interaction permanente de tous les facteurs existentiels de la réalité humaine. Seul le décalage dans le temps entre les causes et les effets peut laisser croire à certains que ce hasard et cette fatalité existent.

C'est là que notre recherche va s'intégrer. Elle regroupe des méthodes d'approche et d'investigation de cette Harmonie par le travail sur les Énergies et par le rapport à l'autre qu'elle suppose. Il est primordial de ne pas juger ou de ne pas s'investir autoritairement et arbitrairement dans les déséquilibres énergétiques des autres. Ils sont la somme de facteurs particuliers très complexes. Il ne faut cependant jamais oublier qu'il n'y a pas non plus de fatalité dans ces déséquilibres.

Le rôle du pratiquant est de les repérer et de donner à son « partenaire » les moyens de les décoder puis de les gérer au mieux. C'est pour cela que le Shiatsu est avant tout une méthode d'Harmonisation générale des Énergies. Son but n'est pas d'aller régler directement un problème spécifique. Son but est de permettre à la personne concernée de le régler elle-même. Grâce à un équilibre intérieur retrouvé, base indispensable du fonctionnement harmonieux de son corps, cette personne aura récupéré son potentiel immunitaire propre. Elle sera donc à même de « faire son propre ménage ».

Concept et philosophie énergétiques

Les premières traces de pratiques énergétiques et en particulier de l'acupuncture et de la moxibustion apparaissent au début de l'âge du bronze avec l'utilisation de pointes de pierre, de moxas et peut-être même d'aiguilles de bronze, les premiers écrits datant de 1200 avant J.-C. Mais c'est surtout au Ve siècle avant J.-C. que Lao-Tseu et Confucius firent adopter officiellement la théorie du Yin/Yang et la loi des Cinq Principes. Tout l'environnement conceptuel et philosophique de ce que j'appelle la Pratique taoïste d'Harmonisation des Énergies a pris alors sa forme traditionnelle, notamment à travers la mise en forme de ce concept global, essentiel et infini qui est celui de l'Énergie.

Pour la plupart des pratiques orientales rapportées en Occident et qui basent leur réalité sur une canalisation ou sur une utilisation de cette Énergie (vers un but thérapeutique ou autre), notre esprit réducteur n'a retenu ou vu de cette Énergie que sa mise en forme, sa technique. C'est pourquoi, de moyen d'action sur cette Énergie insaisissable, la technique est bien souvent devenue le but, la finalité de toute étude et de toute pratique, les vidant ainsi de leur véritable potentiel. C'est vrai pour la plupart des arts martiaux (à quelques exceptions près comme l'Aïkido) mais aussi bien souvent pour la philosophie médicale chinoise. Ce ne sont plus alors que des pantomimes ou des mascarades symptomatiques qui n'ont plus grand-chose à voir avec leur source.

Le fameux *Yi King* conçoit l'Énergie comme la perpétuelle mutation de deux forces cosmiques, le Yin et le Yang, perpétuant sans fin l'Univers. Dans chaque élément Yang existe toujours un peu de Yin et dans chaque élément Yin, toujours un peu de Yang. Rien n'est jamais tout à fait Yin et rien n'est jamais tout à fait Yang (comme le montre très bien le symbole très connu du Tao).

Tai Chi, symbole du Tao.

Le Yang représente la force exprimée, le soleil, l'été, le feu, la lumière, la chaleur, le ciel, le haut, le masculin, l'activité, l'extérieur, le centrifuge, le don, le positif, le virtuel, le dur.

Le Yin représente l'absence de force dynamique, la lune, l'hiver, l'eau, l'obscurité, le froid, le bas, la terre, le féminin, la passivité, l'inertie, l'intérieur, la réception, le négatif, le centripète, le matériel, le mou.

Il est bien entendu que ces qualificatifs ne sont pas exhaustifs et qu'il n'y a dans aucun d'entre eux de connotation de valeur. Ils ne servent qu'à définir la différence de typologie entre les Énergies Yin et Yang et leurs manifestations. Car notre concept occidental de l'Énergie comme force de mouvement se limite en fait à son caractère Yang et oublie le côté manifesté de l'Énergie qui est Yin et que nous appelons la matière. Le monde scientifique commence cependant à redécouvrir que la matière n'est en fait qu'une mise en forme particulière de l'Énergie. L'Énergie dont nous parlons ici est donc cette symbiose permanente entre le Yin et le Yang, entre l'Énergie différenciée ou manifestée et l'Énergie non différenciée ou non manifestée.

L'image de cette symbiose créatrice est donnée de façon significative par les Kouas qui sont les combinaisons de traits pairs représentant le Yin ou impairs représentant le Yang. Il y a fondamentalement 8 Kouas, composés en trigrammes. Chacun de ces trigrammes représente un élément essentiel de nature Yin ou Yang. Ils peuvent être groupés deux par deux et forment ainsi les 64 hexagrammes, représentation de toutes les combinaisons possibles que peuvent prendre le Yin et le Yang. C'est là que nous rejoignons le fameux *Yi King*, le *Livre des mutations*, qui peut nous donner les clés de la compréhension de toutes les situations de l'existence (à condition de poser clairement la question, bien entendu). Mais là n'est pas notre propos. C'est le rapport entre les deux stades de l'Énergie, leur combinaison et leur Harmonie à travers le corps humain, qui constitue notre recherche.

Tai Chi, symbole du Tao, entouré des 8 Kouas.

La codification Yin/Yang touche et concerne toutes les manifestations de la vie. Il ne faut cependant pas tomber pour autant dans la systématique et la rigidité. Ces éléments sont toujours relatifs et ne doivent surtout pas être considérés comme absolus. La terre est Yin mais par rapport au soleil qui est Yang. L'obscurité est Yin comparée à la clarté qui est Yang. L'eau est Yin relativement au feu qui est Yang. L'hiver est Yin mais par rapport à l'été qui est Yang. Mais dans le froid, le moins froid qui est de nature Yang se différencie du plus froid qui est Yin. Il en est ainsi pour toutes les manifestations de l'Énergie. Par exemple, dans le corps humain, le haut du corps est Yang et le bas Yin, mais pour le visage, le front est Yang et la mâchoire Yin. Quant aux jambes, la cheville est Yin et la cuisse Yang ; pour le buste, la poitrine est Yang et le ventre Yin, etc. La gauche est Yang et la droite est Yin, la superficie est Yang et la profondeur Yin, le dos est Yang et la face Yin, etc. Rien n'est jamais totalement Yin ou Yang, ainsi que l'illustre parfaitement le fameux symbole du Tao. Même, et surtout, au moment où le Yin est à son maximum, il porte en lui le début du Yang, et inversement.

Il est particulièrement intéressant de continuer cette classification avec celle des yeux, en la rapprochant du symbole de la philosophie taoïste qui donne la signification ésotérique du troisième œil. L'œil gauche est Yang et l'œil droit, Yin. Ils nous donnent la vision horizontale et matérielle du monde tangible, leur différence d'angle et de structure de vision (Yin ou Yang) offrant la possibilité du relief. Il s'agit de l'axe de l'horizontalité, du 5. Regardons le symbole taoïste ; les deux yeux sont symbolisés par les deux points contenus dans chacun des symboles Yin et Yang. Le troisième œil est représenté par le centre de ce symbole, le lieu où les deux plans énergétiques se réunissent. Ce point est ainsi considéré comme porteur de la « vision centrale unitive », c'est-à-dire celle qui ne dissocie pas, celle qui englobe, qui comprend (dans les deux sens du mot) tout. Il s'agit de l'axe de la verticalité, de l'intangible et du non-rationnel, de l'énergétique, du 7. C'est notamment pour ces raisons que, dans la Pratique du Shiatsu, nous nous référons et utilisons à la fois la codification chinoise de l'énergétique humaine et la codification indienne des Chakras. La première a merveilleusement compris et structuré le niveau horizontal de cette énergétique alors que la seconde l'a fait pour le niveau vertical.

L'apparition de l'homme se produisit grâce à l'action du Principe Originel ou Énergie Primordiale, Énergie Cosmique, Tao et à l'existence et à l'interaction des Énergies du Ciel et de la Terre, manifestations du Yang et du Yin (composantes indissociables du Tao). L'homme participe d'ailleurs activement à ce processus en dynamisant et en transformant les Énergies qui le traversent et qui l'environnent. Il est en effet le point de rencontre et de transformation entre l'Énergie Yang du Ciel et l'Énergie Yin de la Terre. Ces deux formes d'Énergies vont se combiner en lui, ainsi que nous le verrons plus loin, et former alors l'Énergie Essentielle (venant d'« essence »). À son tour celle-là va se combiner avec l'Énergie Ancestrale pour donner une nouvelle forme d'Énergie que je qualifie de Vitale. Cette Énergie Vitale appartient à chacun et lui permet d'exister en tant qu'être, seul et unique, avec ses forces et ses faiblesses, ses qualités et ses défauts, ses excès et ses carences.

Quant à l'Énergie Ancestrale, propre à chacun de nous, elle est assez complexe à définir. Pour résumer simplement, on peut dire qu'elle est une combinaison entre trois Énergies. Ce sont les Énergies Primordiale, reçue au moment de la conception, héréditaire, correspondant au potentiel et à la qualité énergétique, mentale et spirituelle des parents à ce même moment, et enfin cosmique, liée au Ciel de conception. Cette Énergie Ancestrale est présente dans tout le corps, dans chacune de nos cellules.

Tout au long de sa vie, l'homme recevra les Énergies du Ciel (notamment par les Poumons) et de la Terre (notamment par l'Estomac). La façon dont il les consommera puis les assimilera en les combinant pour former l'Énergie Essen-

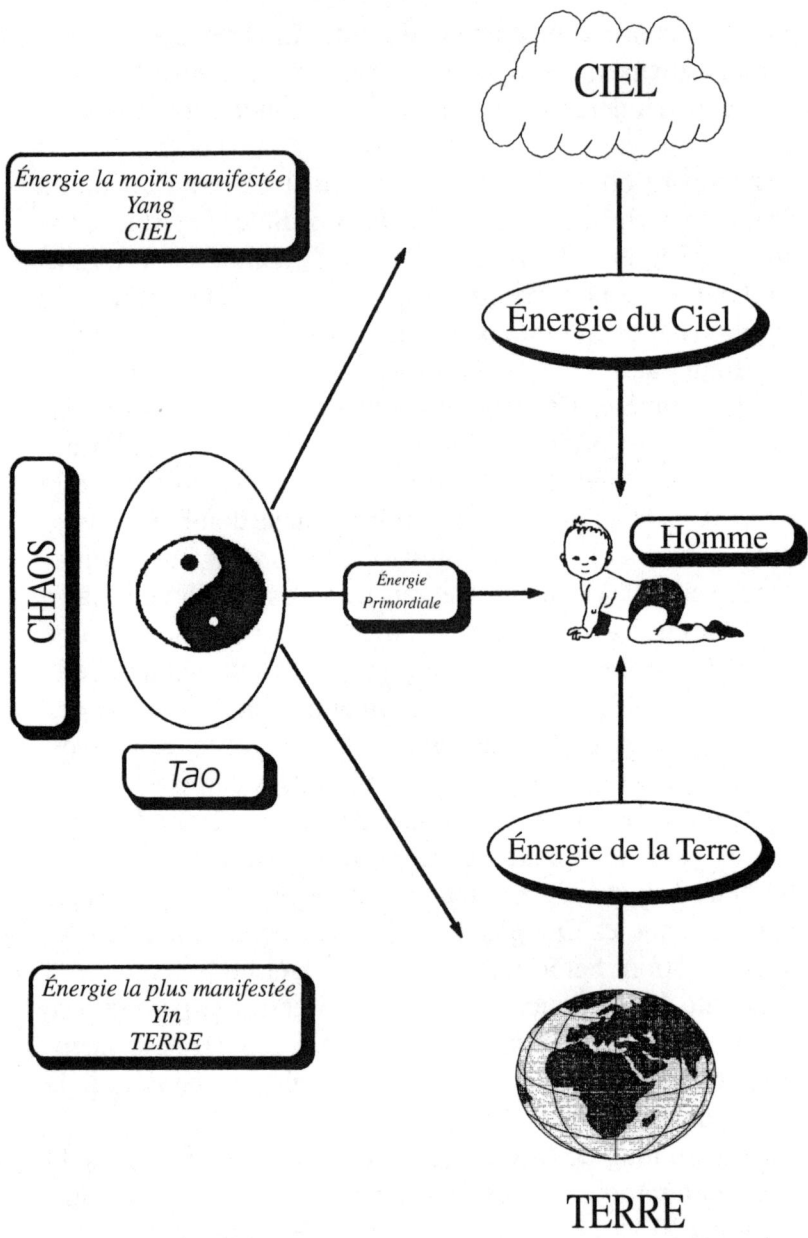

L'Homme entre le Ciel et la Terre.

tielle donnera la qualité et la texture de celle-là. Puis la combinaison de cette Énergie Essentielle avec l'Énergie Ancestrale donnera sa force du moment, sa résistance, sa typologie caractérielle et la qualité de l'Énergie qu'il transmettra (s'il procrée à ce moment-là). L'Énergie Ancestrale joue un rôle important de régulateur qualitatif et quantitatif de l'Énergie Vitale. En effet, si la qualité de l'Énergie Essentielle laisse à désirer parce qu'elle présente un déséquilibre (trop d'Énergie du Ciel ou de la Terre ou bien une mauvaise qualité), c'est l'Énergie Ancestrale qui va intervenir et jouer son rôle en puisant « dans son stock » pour rétablir l'équilibre qualitatif ou quantitatif qui avait été perturbé.

La façon d'assimiler, puis la qualité et l'influence de chacune de ces formes d'Énergie peuvent être subies (à la limite du déterminisme) ou bien travaillées, si on les connaît et qu'on veut les faire évoluer. Les techniques peuvent être respiratoires (Chi Qong, Kototama, Yoga, etc.), pour ce qui est de l'Énergie du Ciel, alimentaires (Diététique énergétique chinoise), pour celle de la Terre, ou bien globales, comme le Shiatsu. L'utilisation et la meilleure gestion de ces Énergies du Ciel et de la Terre permettent de tempérer ou de mieux gérer l'Énergie Ancestrale. En revanche, aucune ne permet de la modifier car elle est déterminée pour chacun de nous et reste une empreinte indélébile que nous pouvons faire évoluer dans la forme mais pas dans le fond.

Il est de plus très important de savoir que la quantité d'Énergie Ancestrale, différente pour chacun, est, elle aussi, déterminée une fois pour toutes. Son importance diminue donc au fil de la vie, à un rythme biologique donné. Mais il sera plus ou moins accéléré en fonction des sollicitations provoquées par notre comportement et donc la gestion de ce capital. C'est cette Énergie Ancestrale qui détermine la longévité. Nous pouvons aisément comprendre comment nos attitudes alimentaires, d'hygiène physique et mentale agissent non seulement dans l'instant (santé) mais aussi dans le temps (longévité et vitalité).

L'Énergie dans l'homme

La compréhension de ce qui précède et de ce qu'est l'Énergie dans l'homme ne peut se faire sans celle du concept de Triple Foyer, ou Triple Réchauffeur, qui est le lieu de combinaison, de répartition et d'assimilation de cette Énergie dans le corps à travers les trois zones énergético-organiques du Triple Foyer. Il se décompose en effet en trois foyers distincts, tant au niveau de leur rôle que de leur localisation, qui sont le Foyer supérieur, le Foyer moyen et le Foyer inférieur (voir schéma p. 28).

C'est au niveau du Triple Foyer supérieur que va se produire l'assimilation de l'Énergie du Ciel grâce aux Poumons. Elle ne se cantonne pas à l'oxygène mais aussi à l'Énergie ambiante de l'environnement, qui peut alors être positive ou négative (milieu stressant, par exemple) et, de ce fait, apporter de l'Énergie ou au contraire en « coûter ».

Au niveau du Triple Foyer moyen va se produire l'assimilation de l'Énergie de la Terre grâce à l'Estomac. L'Énergie de la Terre est essentiellement alimentaire. Mais le tellurisme du lieu où l'on se situe joue aussi un rôle. Ces deux Énergies, du Ciel et de la Terre, vont alors se combiner, toujours au niveau du Triple Foyer moyen, et former l'Énergie Essentielle qui va se combiner au niveau du Triple Foyer inférieur à l'Énergie Ancestrale siégeant à cet endroit. L'image taoïste classique pour représenter cette Énergie Ancestrale est celle d'un pot à trois pieds situé entre les deux reins et duquel jaillit la flamme vitale de chacun de nous, ce feu sans lequel l'alchimie fabuleuse qui s'élabore et se perpétue en tout homme ne pourrait être. Une fois ces deux Énergies combinées, elles donnent l'Énergie Vitale, propre à chacun de nous, qui va remonter vers le Poumon à travers le méridien appelé Canal Central ou Tchrong Mo.

À partir du Poumon, l'Énergie Vitale va suivre alors le cycle de répartition, de transformation et de stockage propre à chaque organe, lui permettant de fonctionner sur les plans énergétique, physiologique et mental. Lors de cette circulation, chaque organe la reçoit et l'adapte à sa fréquence propre (à son rôle) par l'intermédiaire du viscère qui lui est associé. L'Énergie Vitale restante passe ensuite au couple énergétique suivant jusqu'à ce que tous les organes et les entrailles soient alimentés. Les deux formes Yin et Yang de cette Énergie Vitale subsistant encore à ce moment-là vont se répartir et circuler dans le corps en fonction de leurs rôles propres, définis par leur caractère nourricier ou défensif.

Cette Énergie Vitale restante se répartit alors sous deux formes distinctes, Yin et Yang, qui sont une vibration dite « nourricière » et une vibration dite « défensive ». N'oublions pas cependant qu'il s'agit toujours de la même Énergie Vitale Tchi composée de l'Énergie Essentielle et de l'Énergie Ancestrale.

On peut résumer d'une façon assez simple ces deux formes de l'Énergie en considérant que la fréquence dite « nourricière » est chargée de nourrir tous les éléments du corps. Elle correspond à la partie de l'Énergie Vitale riche en éléments nutritifs purs, en Énergie Alimentaire. La fréquence défensive est, comme son nom l'indique, chargée de défendre le corps face aux agressions du monde extérieur. Elle correspond à la partie résiduelle impure de l'Énergie Vitale.

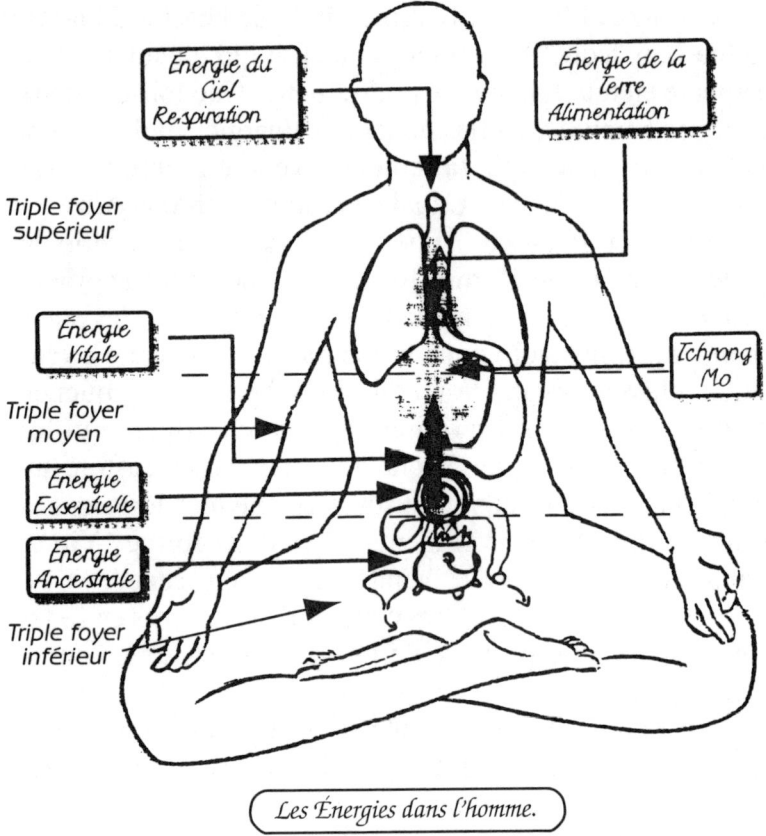

Les Énergies dans l'homme.

La fréquence nourricière qui est Yin circulera en profondeur dans les méridiens, les entrailles et les organes. La fréquence défensive qui est Yang circulera, quant à elle, principalement à la superficie du corps (peau, membranes, etc.) et dans tous les points attachés à la défense du corps. Elle lui permet ainsi d'adapter l'intérieur aux conditions de l'extérieur. Il faut enfin préciser que le jour, la fréquence défensive est présente dans le Yang du corps (peau, membranes des organes et des entrailles, etc.) et que la nuit elle circule dans le Yin du corps (profondeur du corps, des organes et des entrailles).

Si la fréquence défensive est insuffisante, elle protégera mal l'intérieur qui s'adaptera difficilement et la circulation harmonieuse de l'Énergie sera perturbée. Or la qualité de cette circulation est essentielle pour le bon fonctionnement de cet ensemble homogène qu'est le corps humain. Si la fréquence nourricière est insuffisante, le corps sera mal nourri et même s'il est bien armé en fréquence défensive, il ne pourra pas l'utiliser correctement. L'image que l'on pourrait donner ici est celle d'une forteresse (notre corps). Si elle est bien approvisionnée en nourriture mais qu'elle n'est pas bien défendue par des soldats aguerris et armés convena-

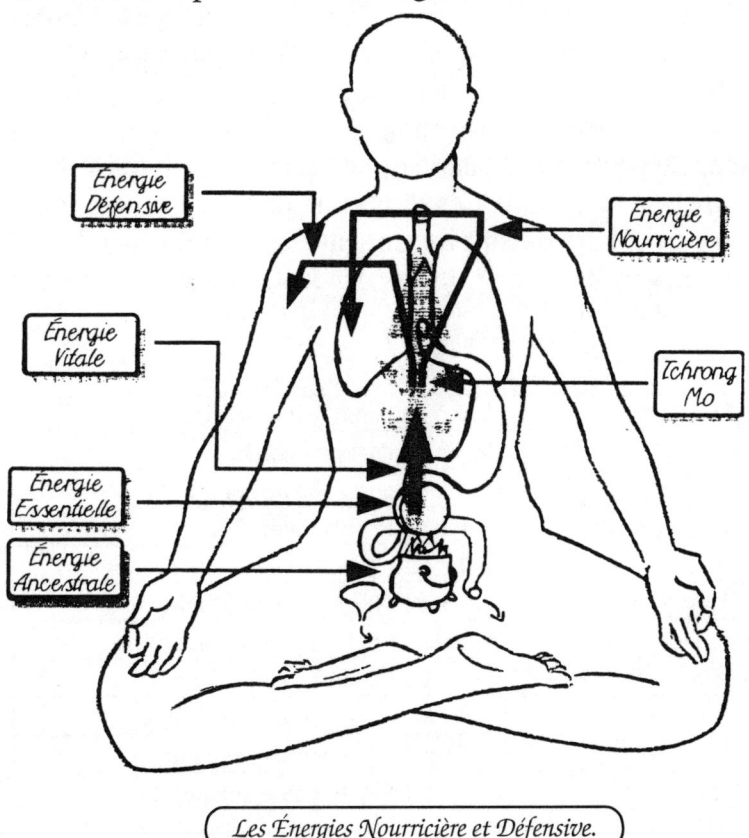

Les Énergies Nourricière et Défensive.

blement, elle se défendra mal lors d'une attaque. Si elle possède d'excellents guerriers avec des armes bien aiguisées mais qu'ils sont mal nourris, voire privés de nourriture, elle sera aussi mal défendue et vulnérable.

La circulation de cette Énergie Vitale se fait quotidiennement selon un cycle journalier précis et immuable. Du méridien du Poumon, elle passe au méridien du Gros Intestin puis à l'Estomac d'où elle se dirige vers la Rate-Pancréas. De là, elle va au Cœur, puis à l'Intestin Grêle, la Vessie d'où elle passe aux Reins. Elle poursuit par le Maître Cœur puis le Triple Foyer, ou Triple Réchauffeur, la Vésicule Biliaire et enfin le Foie. Après quoi, le cycle recommence et se perpétue ainsi sur la durée d'une journée de 24 heures, chaque stade durant deux heures. Chaque organe a une correspondance psychologique qui lui est propre et qui est en rapport avec la nature de son Énergie qu'il transforme et stocke à sa mesure. Les Reins ont, quant à eux, une fonction particulière puisqu'ils gardent l'excédent général d'Énergie pour le répartir, le cas échéant, vers un organe qui en aurait besoin.

Poumons	de 3 à 5 heures (heure solaire).
Gros Intestin	de 5 à 7 heures (heure solaire).
Estomac	de 7 à 9 heures (heure solaire).
Rate-Pancréas	de 9 à 11 heures (heure solaire).
Cœur	de 11 à 13 heures (heure solaire).
Intestin Grêle	de 13 à 15 heures (heure solaire).
Vessie	de 15 à 17 heures (heure solaire).
Reins	de 17 à 19 heures (heure solaire).
Maître Cœur	de 19 à 21 heures (heure solaire).
Triple Foyer	de 21 à 23 heures (heure solaire).
Vésicule Biliaire	de 23 à 1 heure (heure solaire).
Foie	de 1 à 3 heures (heure solaire).

On peut voir à quel point la perturbation de l'Énergie Nourricière a des incidences sur tous les plans, énergétique, physiologique ou psychologique.

Cette circulation de l'Énergie Vitale produit, lors de son cycle, ce qu'on qualifie de « marées énergétiques », périodes de force et de circulation prépondérante dans chaque méridien. Ces heures représentent les moments énergétiques forts de chaque méridien et de chaque organe ou viscère associé. En revanche, elles ne correspondent pas et ne définissent pas les relations énergétiques existant entre ces méridiens que nous étudierons plus loin et qui sont définies par la loi des Cinq Principes

La loi des Cinq Principes

Il n'y a pas d'origine réellement connue à cette loi, plus communément appelée loi des Cinq éléments. Le terme « élément » s'avère pour moi cependant trop statique par rapport à la symbolique réelle et le terme « Principe » me semble plus actif, plus dynamique.

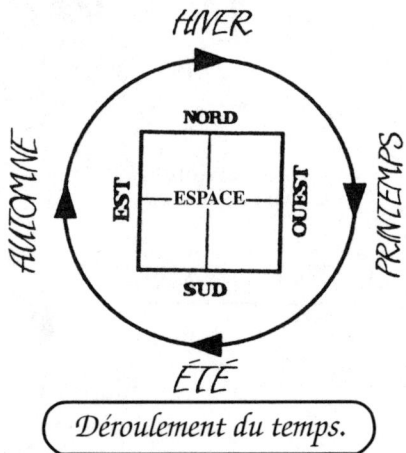

Déroulement du temps.

Cette loi se perd dans les temps les plus anciens et s'est forgée petit à petit sur une observation profonde de tous les cycles de la Nature, climatique, saisonnier, énergétique, botanique ou autres.

Basée sur le système du centre associé aux quatre côtés ou aux quatre directions, elle s'est d'abord définie par des notions d'espace qui, petit à petit, ont évolué en s'enrichissant pour devenir celle que nous connaissons aujourd'hui. Son origine première est cosmologique.

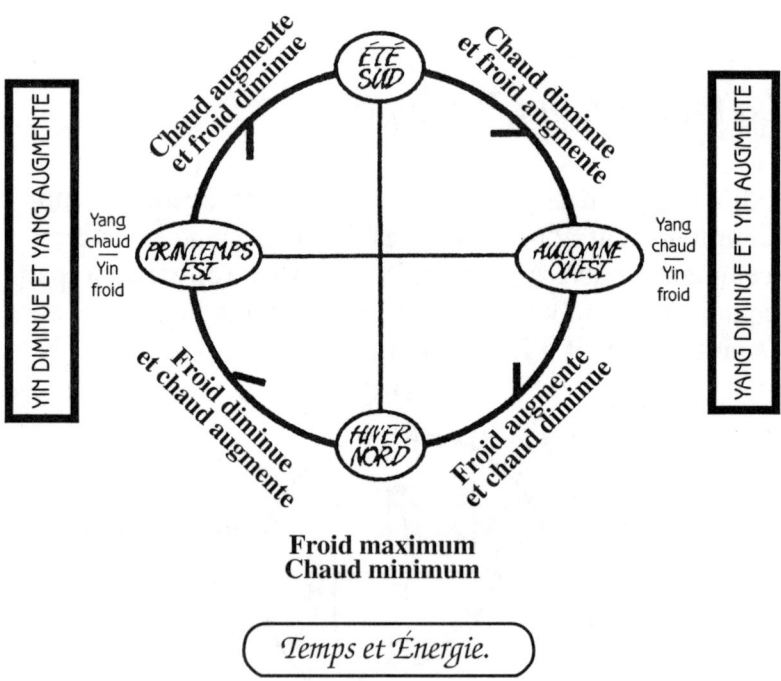

Temps et Énergie.

Cette loi des Cinq Principes considère l'Univers comme étant soumis à une cyclique systématique de fonctionnement.

LA LOI DES CINQ PRINCIPES   33

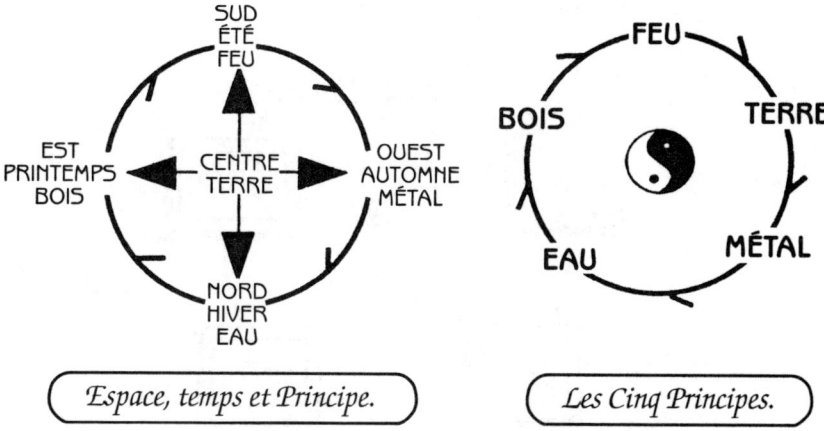

Espace, temps et Principe.   *Les Cinq Principes.*

Elle se déroule elle-même en permanence selon deux cycles simultanés appelés cycle d'Engendrement et cycle d'Inhibition, régissant les rapports interdépendants entre Cinq Principes fondamentaux qui sont la base existentielle même de l'Univers et que nous allons aborder un peu plus loin. Ces Principes sont le Bois, le Feu, la Terre, le Métal et l'Eau. Nous retrouvons dans cette loi tous les Éléments déjà connus du Tao, chaque Principe possédant une forme plus ou moins Yin ou Yang.

À chaque Principe se trouve associée toute une symbolique qui permet de cerner la globalité complexe et complète qu'il représente. Chacun correspond en effet à une planète, un point cardinal, une saison, un climat, une couleur, une saveur, une odeur, un type d'aliment, un organe, un viscère, un moment de la journée, un type de psychologie, un type de morphologie, etc. À travers cette symbolique apparaît l'importance fondamentale de cette loi énergétique qui est la base même de toute la Pratique taoïste d'Harmonisation des Énergies. Si l'on oublie cette loi et ses correspondances, on ne peut alors faire que de la symptomatologie empirique des médecines chinoises.

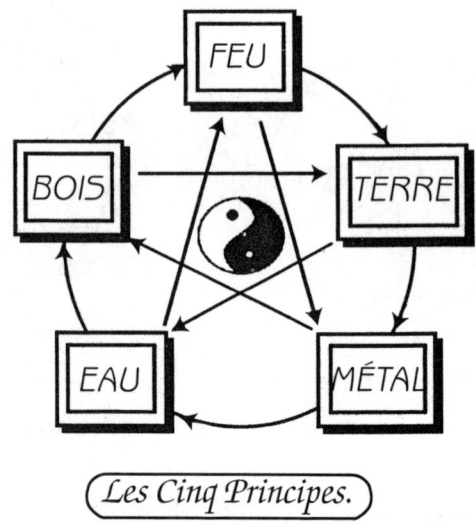

Les Cinq Principes.

Je vais présenter ci-après chaque Principe avec tous les éléments qui composent sa spécificité et définissent sa nature profonde en relation avec les formes et les composants de notre Univers. Chaque fois qu'un Principe sera dominant chez un individu, ce seront les caractéristiques de ce même Principe qui seront alors dominantes. Elles exerceront cette prépondérance à un degré correspondant à celui de la dominance. Il faut cependant savoir qu'en aucun cas il n'existe de situation dans laquelle un seul Principe domine.

Avant d'aller plus loin dans la présentation de ces caractéristiques principales, je pense qu'il est nécessaire de préciser de quelle manière les Chinois placent les saisons et les heures dans le temps, car ils le font différemment de nous. L'observation et l'intelligence empiriques les ont conduits à observer les cycles d'Énergie perceptibles comme, par exemple, les lunaisons. Une lunaison commence à la nouvelle lune, a son point culminant à la pleine lune puis décroît. Nous retrouvons la forme sinusoïdale de toute forme énergétique.

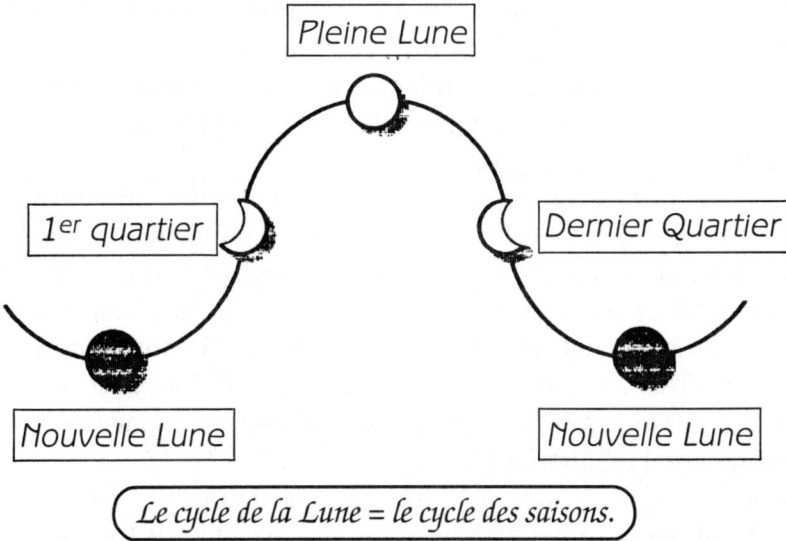

Le cycle de la Lune = le cycle des saisons.

C'est pourquoi les Chinois considèrent que les solstices et les équinoxes sont les points culminants des saisons (et non leur début) ; les saisons commencent donc approximativement six semaines avant les nôtres. Il en est d'ailleurs exactement de même avec les heures de la journée qui sont au nombre de 12, la première heure de la journée allant de 23 heures solaire à 1 heure (minuit étant son point culminant).

Selon A. Chamfrault, le So Ouenn définit ainsi les saisons dans son chapitre 2 : « Le printemps est la saison de la montée de la sève. Le ciel et la terre revivent. Toute la nature se féconde, c'est la saison chez l'homme où l'Énergie va de nouveau éclore. C'est le moment de donner, ce n'est plus celui de recevoir. Le meilleur moyen pour l'homme de se conformer à cette saison du printemps, c'est de faire éclore sa nouvelle vitalité. Si l'homme ne suit pas cette loi de la nature au printemps, c'est son foie qui sera troublé.

« L'été est le moment de la croissance, l'Énergie du Ciel et de la Terre se rejoignent. Toute la nature porte ses fruits.

C'est le moment pour l'homme de dépenser son Énergie dans son organisme. Il faut qu'elle l'envahisse en entier. Si cette loi n'est pas suivie, il s'ensuivra l'apparition à l'automne de fièvres intermittentes, d'affections pulmonaires et en hiver de maladies graves.

« L'automne est la saison de l'équilibre entre l'Énergie du Ciel et celle de la Terre. Cependant la première est plus violente et la seconde plus calme. L'homme, à cette saison, doit tendre à équilibrer lui aussi son Énergie, car l'Énergie de l'automne peut être cruelle. L'Énergie des Poumons doit être purifiée. Sinon, si on viole cette loi, ce Tao, les poumons seront troublés et, par suite, en hiver, le malade présentera de la diarrhée.

« L'hiver est la saison où tout dans la nature se cache car le froid règne au-dehors ; il ne faut pas, à cette saison, troubler l'Énergie Yang qui est à son déclin, ne pas trop la disperser. Si on viole cette loi, les reins seront troublés, et au printemps l'Énergie dans les membres sera insuffisante, le malade pourra présenter des paralysies ou des atonies.

« Les quatre saisons qui représentent les Énergies Yin et Yang sont à la base de la vie. Les sages surveillent l'Énergie Yang au printemps et en été, et l'Énergie Yin en automne et en hiver. Agir ainsi c'est cultiver les racines mêmes de la vie. Tout, dans la nature, a une phase de croissance puis de décroissance ; mais si vous blessez les racines, aucun être ne pourra vivre. »

Il est enfin intéressant de savoir que ce découpage saisonnier se calque parfaitement sur la durée d'une journée, le matin étant le printemps de la journée, le midi l'été, la fin d'après-midi l'automne et la nuit l'hiver. Il est reproduit aussi parfaitement sur la vie d'un homme, sa naissance et petite enfance étant le printemps, sa jeunesse avant la quarantaine étant l'été, sa maturité (jusqu'à environ 60 ans) étant son automne et sa vieillesse et la mort étant son hiver.

Ce découpage saisonnier peut en fait se calquer sur n'importe quelle phase de temps, comme un projet, une maladie, la construction d'une maison ou la digestion d'un repas, par exemple. Et il est fondamental de comprendre que les lois naturelles décrites plus haut et plus loin doivent être aussi respectées pour chaque « saison » d'un événement ou d'une action. La Pratique taoïste d'Harmonisation des Énergies n'échappe pas à cette loi et elle est complètement structurée autour de ce découpage (d'où l'importance de la pratiquer intégralement dans son déroulement).

Il me semble nécessaire de préciser les notions d'organes et d'entrailles qui sont omniprésentes dans la codification énergétique chinoise. Chaque saison a un organe et un viscère qui lui sont associés, représentant les polarités Yin et Yang de l'Énergie manifestée dans le corps physique. Ces organes et entrailles sont associés aux méridiens énergétiques dont je parlerai plus loin. Ce sont le cœur, la rate-pancréas, le poumon, le rein et le foie pour les organes et l'intestin grêle, l'estomac, le gros intestin, la vessie et la vésicule biliaire pour les entrailles.

On raconte cette anecdote amusante, mais ô combien vraie, de la façon par laquelle les Taoïstes ont déterminé quels étaient les organes et les entrailles de nature Yin ou Yang. Ainsi que nous l'avons vu précédemment dans la catégorisation Yin/Yang, ce qui est lourd, plein, correspond au Yin et ce qui est léger, vide, au Yang. Les Taoïstes, pragmatiques et logiques, prirent un récipient d'eau et plongèrent alternativement chacun des organes et viscères d'un animal ou d'un cadavre dans ce récipient. Ce qui flottait (donc plus léger que l'eau) ne pouvait qu'être de nature Yang, ce fut le cas de toutes les entrailles, et ce qui coulait (donc plus lourd que l'eau) ne pouvait qu'être de nature Yin, ce fut le cas de tous les organes.

Cette référence à l'eau et à sa densité me semble intéressante et je m'en sers souvent pour expliquer le Yin, le Yang et le Tao (ou plutôt le Tai Chi qui est sa manifestation). Le Yin est la forme la plus manifestée des choses alors que le Yang en est la forme la moins manifestée, le Tai Chi étant la synergie des deux. On peut le comprendre avec l'eau qui est la vie et la source de la vie, le Tai Chi et le Tao : sa forme la plus manifestée (et donc Yin) est la glace et sa forme la moins manifestée (donc Yang) est la vapeur d'eau.

Je vais maintenant présenter les Cinq Principes énergétiques en donnant une sorte de portrait-robot de chacun à travers les différents niveaux de correspondances relationnelles qui leur appartiennent.

Le Principe du Bois

☐ **Le spatio-temporel**

Il est lié au printemps (saison qui va de début février à début mai) et à l'est. Le vent, le matin et le vert lui sont associés. Sa planète est Jupiter, que les Chinois considèrent comme la première car elle est la plus brillante de toutes, à l'instar du printemps qui est la première saison. La dynamique énergétique du Bois est celle de la mobilisation, de l'extériorisation. C'est une Énergie qui croît et qui retourne au Yang. Sa phase évolutive dans la vie humaine est celle de la naissance. L'organe Yin par lequel ce Principe se manifeste dans le corps est le Foie et son viscère Yang la Vésicule Biliaire. Les yeux et les muscles (pour leur activité et leur tonicité), les larmes (sur le plan des liquides organiques), la vue et les ongles sont les manifestations physiologiques du Principe Bois. Les saveurs qui lui conviennent sont l'aigre et l'acide et son odeur, le fermenté.

☐ Les résultantes physiologiques

Le Principe du Bois donne un individu au corps long, fin, parfois maigre, et droit, surtout au printemps de sa vie, c'est-à-dire lorsqu'il est jeune. Il a le teint coloré, plutôt olivâtre avec une peau à la texture souple. Les yeux sont jolis, la barbe, lorsqu'elle existe, est assez fournie et les lèvres sont rouges. D'une musculature tonique et ferme, il a une peau douce et de bonnes résistances physiques et immunitaires. Le regard est franc, décidé et l'expression du visage accueillante et directe. La main, fine et équilibrée, est marquée. Les ongles sont mous ou cassants selon le degré d'excès ou d'insuffisance de l'Énergie du Bois.

☐ Les incidences psychologiques

L'harmonie, la tempérance, la beauté, la dignité et l'élégance sont les principales qualités apportées par le Principe du Bois. Au niveau des fragilités, il peut produire la colère et la susceptibilité. Devenant son contraire par excès, il présente le risque d'autodestruction. Mais le Bois symbolise globalement la force et la capacité créatrice (créativité artistique, imagination, intuition). L'individu de ce type est donc travailleur, combatif et intuitif. C'est une personne qui sait être cordiale, accueillante et très animée. Actif, il gesticule beaucoup et parle fort, mais c'est sans doute pour se rassurer car il reste anxieux, sensible et émotif. Parfois lunatique ou instable, il ne supporte pas d'avoir tort. Cela explique en partie ses colères qui peuvent être violentes. Il reste malgré tout créatif et imaginatif et sait parfois être intrépide.

Pour chaque Principe, un tableau synoptique récapitule toutes ses caractéristiques.

☐ Récapitulatif des caractéristiques principales

Principe du Bois
(du 4 février au 5 mai)

Direction cardinale :	est
Énergie saisonnière :	printemps
Énergie climatique :	vent
Énergie journalière :	matin
Énergie des couleurs :	vert
Saveurs alimentaires :	acide, aigre
Odeur :	fermenté
Mode de cuisson :	estouffade
Type d'assaisonnement :	vinaigre
Moment des repas :	petit déjeuner
Aliment d'origine animale :	mouton
Aliment d'origine végétale :	blé
Partie à consommer :	tige
Moment vital fort :	naissance
Plan organique :	Foie
Plan viscéral :	Vésicule Biliaire
Plan physiologique général :	Yeux, muscles
Sens :	vue
Type de sécrétion :	larmes
Symptomatique physiologique locale :	ongles
Typologie psychique :	perception, imagination, création
Typologie énergétique :	mobilisation, extériorisation
Psychologie passionnelle :	susceptibilité, colère
Psychologie vertueuse :	harmonie
Psychologie qualitative :	élégance, beauté
Nombre astrologique chinois :	3 et 8
Planète associée :	Jupiter

Le Principe du Feu

☐ **Le spatio-temporel**

Il est associé à l'été (saison qui va de début mai à début août) et au sud. Son énergie climatique est la chaleur, son moment de la journée, le midi, sa couleur, le rouge et sa planète, Mars (la planète rouge). Sa dynamique énergétique correspond à la superficie, à l'extérieur, à l'énergie en pleine force, au plein Yang. Sa phase évolutive dans la vie humaine est celle de la croissance, de la jeunesse. L'organe Yin par lequel il se manifeste dans le corps est le cœur et son viscère Yang, l'Intestin Grêle. La langue et les vaisseaux sanguins, la sueur (sur le plan des liquides organiques), la parole et le teint sont les niveaux physiologiques par lesquels le Feu s'exprime. L'amer et le brûlé sont ses saveur et odeur.

☐ **Les résultantes physiologiques**

Le Principe du Feu dominant chez un individu lui donne un teint généralement coloré, souvent rougeaud. Le bas de son visage est large, son nez busqué et ses oreilles ont des lobes détachés. Sa barbe et ses cheveux sont plutôt châtains. Ayant tendance à la ventripotence, l'individu de type Feu est cependant un sportif solide, grand et fort qui ne craint pas le froid. Sa main a tendance à être longue avec des doigts fins qui peuvent être écartés et des ongles longs et solides.

☐ **Les incidences psychologiques**

Éclat, nature chaleureuse et aptitude à la prospérité sont les caractéristiques psychologiques apportées par le Principe du Feu. Il brûle et transforme rapidement. Le danger réside dans son excès car il devient destructeur (le feu réchauffe mais en excès brûle). Ce type d'individu est passionné mais peut aussi être violent et irascible. Sa manifestation affective est la joie, mais il représente aussi la passion, la fougue et l'ardeur. S'il maîtrise tout cela, le sujet de type Feu sera en revanche très lucide. C'est enfin un bon vivant qui aime tous les plaisirs. Serviable, optimiste, généreux et enthousiaste, il a la parole facile. Résistant et intelligent, il est parfois présomptueux, agressif ou excité. Sa fragilité sera d'ordre émotionnel.

☐ Récapitulatif des caractéristiques principales

Principe du Feu
(du 6 mai au 7 août)

Direction cardinale :	sud
Énergie saisonnière :	été
Énergie climatique :	chaleur
Énergie journalière :	midi
Énergie des couleurs :	rouge
Saveurs alimentaires :	amer
Odeur :	brûlé
Mode de cuisson :	friture, rôti
Type d'assaisonnement :	huile de sésame
Moment des repas :	déjeuner
Aliment d'origine animale :	volaille, gibier à plume, poisson.
Aliment d'origine végétale :	haricot
Partie à consommer :	fleur
Moment vital fort :	croissance
Plan organique :	Cœur
Plan viscéral :	Intestin Grêle
Plan physiologique général :	langue, vaisseaux sanguins
Sens :	parole
Type de sécrétion :	sueur
Symptomatique physiologique locale :	teint
Typologie psychique :	intelligence, passion, conscience
Typologie énergétique :	superficie
Psychologie passionnelle :	joie, plaisir, violence
Psychologie vertueuse :	éclat, ostentation
Psychologie qualitative :	prospérité
Nombre astrologique chinois :	2 et 7
Planète associée :	Mars

Le Principe de la Terre

☐ Le spatio-temporel

Il est lié à la canicule ou plutôt à la fin de saison (les 18 derniers jours de chaque saison) et au centre. L'humidité, l'après-midi et le jaune lui sont associés. Saturne est sa planète, car sa lenteur et son côté majestueux représentent le centre. La dynamique énergétique de la Terre est celle de la répartition, de l'Énergie et du Yang arrivés en pleine maturité. Sa phase évolutive dans la vie humaine est donc associée à la maturité. L'organe Yin par lequel il se manifeste dans le corps est la Rate-Pancréas et son viscère Yang, l'Estomac. Il est en relation sur le plan physiologique avec la chair et les tissus conjonctifs, la salive pour les liquides organiques, le sens du goût et les lèvres sur le plan des manifestations physiologiques. La saveur qui lui convient est le doux, le sucré et l'odeur, le parfumé.

☐ Les résultantes physiologiques

Lorsqu'il est dominant, le Principe de la Terre donne un individu caractérisé par un teint jaune, des traits gras, épais et solides, notamment les oreilles, le nez et la bouche. Ses sourcils sont fournis, son dos, rond, ses épaules et ses hanches, larges et son allure, massive. La tête repose sur un cou trapu avec un visage en général rond et même parfois adipeux. L'individu de type Terre est peu souple et a souvent du ventre. Gourmand et aimant les choses sucrées, il ne dédaigne pas faire la sieste. Il craint en revanche le vent et l'eau. La main, courte et potelée, a des ongles carrés mais souvent courts, car il a une certaine tendance à se les ronger ou à se manger les peaux en cas de nervosité.

☐ Les incidences psychologiques

Le Principe de la Terre apporte le réalisme, le sens du travail, la fécondité laborieuse et la circonspection (tempérament qui convient à un homme d'affaires, un financier). La Terre symbolise la capacité d'imbiber, de nourrir, de féconder et de pénétrer. Mais elle présente en excès le risque de ressassage et de pourrissement. Sa qualité est l'abondance et son action, la transformation lente. L'individu de type Terre est doué pour la pensée et la méditation. C'est un stratège qui a les pieds sur terre et sait faire preuve de bon sens. Peu conformiste et opportuniste, il sait être diplomate, tolérant. Cependant, sa propre expérience est toujours son point de référence.

☐ Récapitulatif des caractéristiques principales

Principe de la Terre
(18 derniers jours de chaque saison)

Direction cardinale :	centre
Énergie saisonnière :	fin de saison
Énergie climatique :	humidité
Énergie journalière :	après-midi
Énergie des couleurs :	jaune
Saveurs alimentaires :	doux, sucré
Odeur :	parfumé
Mode de cuisson :	vapeur
Type d'assaisonnement :	sucre
Moment des repas :	goûter
Aliment d'origine animale :	bœuf, grenouille, anguille
Aliment d'origine végétale :	maïs, pomme de terre
Partie à consommer :	fruit
Moment vital fort :	maturité
Plan organique :	Rate-Pancréas
Plan viscéral :	Estomac
Plan physiologique général :	chair, tissus conjonctifs
Sens :	goût
Type de sécrétion :	salive
Symptomatique physiologique locale :	lèvres
Typologie psychique :	pensée, mémoire, raison, réalisme
Typologie énergétique :	répartition
Psychologie passionnelle :	réflexion, soucis
Psychologie vertueuse :	circonspection, pénétration
Psychologie qualitative :	abondance
Nombre astrologique chinois :	0 et 5
Planète associée :	Saturne

Le Principe du Métal

☐ Le spatio-temporel

Il est associé à l'automne (saison qui va de début août à début novembre), à l'ouest et à la sécheresse. Son moment de la journée est le soir, sa couleur, le blanc et sa planète, Vénus (couleur blanche de Vénus, que l'on aperçoit surtout le soir). Sa dynamique énergétique correspond à l'intériorisation, à l'énergie qui diminue, au Yang décroissant et au Yin croissant pour arriver à l'équilibre Yin/Yang. Sa phase évolutive dans la vie humaine est donc la vieillesse. L'organe Yin par lequel il se manifeste dans le corps est le Poumon et son viscère Yang le Gros Intestin. La peau, le nez et le système pileux, les mucosités (sur le plan des liquides organiques), l'odorat et les poils sont ses manifestations sur le plan physiologique. Le piquant, l'âcre et le rance sont sa saveur et ses odeurs.

☐ Les résultantes physiologiques

Le Principe du Métal donne un teint généralement clair ou hâlé, des oreilles droites et une bonne apparence générale (figure carrée, lèvres et dents harmonieuses). L'individu de ce type est assez grand, mince, avec une cage thoracique petite et même parfois légèrement rentrée, le dos étant un peu courbé. De nature plutôt frileuse, il craint l'humidité ou la chaleur excessive. Il peut être raide ou au contraire avoir une allure pleine d'aisance. Son regard sera dur, vif, malicieux mais aussi parfois triste. Ses mains, longues, rugueuses, sèches ou humides ont les doigts parfois tordus en crochets. Les articulations des phalanges sont marquées et striées et les ongles sont longs et étroits.

☐ Les incidences psychologiques

Le Principe du Métal procure des qualités comme la clarté, la pureté, la fraîcheur et la fermeté. Il correspond à la moisson, à l'époque de la récolte, ce qui lui confère le sens des réalisations. Son danger vient du fait qu'il marque l'arrêt, le blocage, l'opposition, voire la réaction. Il est cependant solide et constant. Sa passion est la sollicitude qui peut devenir morosité ou esprit chagrin en cas d'excès. Il symbolise le caractère volontaire ou plutôt volontariste ainsi que la rigidité, l'intégrité. L'individu de type Métal aime organiser, est méticuleux, prudent et prévoyant. Il aime peu l'improvisation et ne s'adapte pas toujours facilement. Fidèle, ordonné et juste, c'est un « analyste romantique ». Méthodique et calme, il est efficace bien que parfois obstiné. Il est d'humeur égale car il sait maîtriser ses émotions.

□ Récapitulatif des caractéristiques principales

Principe du Métal
(du 8 août au 7 novembre)

Direction cardinale :	ouest
Énergie saisonnière :	automne
Énergie climatique :	sécheresse
Énergie journalière :	soir
Énergie des couleurs :	blanc
Saveurs alimentaires :	piquant
Odeur :	âcre, rance
Mode de cuisson :	mijoté
Type d'assaisonnement :	piment, poivre
Moment des repas :	dîner
Aliment d'origine animale :	gibier à poil, cheval
Aliment d'origine végétale :	riz
Partie à consommer :	feuille
Moment vital fort :	vieillesse
Plan organique :	Poumons
Plan viscéral :	Gros Intestin
Plan physiologique général :	peau, nez, système pileux
Sens :	odorat
Type de sécrétion :	mucosités
Symptomatique physiologique locale :	poils
Typologie psychique :	volontarisme, rigueur, action/choses
Typologie énergétique :	intériorisation
Psychologie passionnelle :	tristesse, chagrin, sollicitude
Psychologie vertueuse :	clarté, intégrité, pureté
Psychologie qualitative :	fermeté, sens des réalisations
Nombre astrologique chinois :	4 et 9
Planète associée :	Vénus

Le Principe de l'Eau

☐ **Le spatio-temporel**

Il est lié à l'hiver (saison qui va de début novembre à début février) et au nord. Le froid, la nuit, le noir (absence de couleurs) lui sont associés. Mercure est sa planète car elle est rarement visible (noir) et d'une grande mobilité (comme l'eau). La dynamique énergétique de ce Principe est celle de la concentration, de l'Énergie la plus en profondeur, du plein Yin. Sa phase évolutive dans la vie humaine est associée à la mort (en tant que stade entre la vieillesse et la renaissance et non en tant que fin). Ses manifestations dans le corps, en tant qu'organe Yin, sont les Reins et en tant que viscère Yang, la Vessie. La moelle, les os, les oreilles, les urines (pour les liquides organiques), l'ouïe et les cheveux sont les plans physiologiques par lesquels l'Eau s'exprime. La saveur qui lui convient est le salé et l'odeur, le moisi et le putride.

☐ **Les résultantes physiologiques**

Le Principe de l'Eau donne un individu caractérisé par la rondeur. Son corps est replet, souvent gros et gras. Ses oreilles et sa bouche sont épaisses, sa peau, douce et souple, ses cheveux, luisants et le teint, foncé. Le dos est raide et le port de tête, haut. L'individu de type Eau aura tendance à avoir des poches sous les yeux et à être lymphatique. Il sera plutôt frileux et craindra les climats humides. La main est courte et boudinée et les ongles sont plats et fragiles, ayant quelquefois l'aspect d'une « péniche ».

☐ **Les incidences psychologiques**

Le Principe de l'Eau se caractérise par la sévérité, la rigueur, l'absence de passion. L'Eau tonifie mais marque aussi l'arrêt, car elle peut être courante ou stagnante. Son action ou son inaction engendrent de toute façon la crainte et le respect. Les individus de ce type sont souvent craintifs ou un peu timorés mais ils ont le don de savoir écouter. L'Eau est en effet une puissance féconde mais qui, en excès, inonde. En réserve, placide et fermée sur elle-même, elle stagne si rien ne vient la mettre en mouvement. Autoritaire et courageux, l'individu de type Eau sait prendre ses décisions, même rapidement. Calme, tranquille, il peut être parfois misanthrope ou impétueux. Généreux, il est bien dans sa peau et fait preuve de droiture. Capable de se sacrifier pour réaliser ses buts, il se sent souvent seul car il fait peu confiance. Sévérité, esprit de décision, peur, rigueur et sens de l'écoute sont les axes majeurs de la psychologie de l'Eau.

☐ Récapitulatif des caractéristiques principales

Principe de l'Eau
(du 8 novembre au 3 février)

Direction cardinale :	nord
Énergie saisonnière :	hiver
Énergie climatique :	froid
Énergie journalière :	nuit
Énergie des couleurs :	noir
Saveurs alimentaires :	salé
Odeur :	moisi, putride
Mode de cuisson :	soupe, bouilli
Type d'assaisonnement :	sel, sauce de soja
Moment des repas :	souper
Aliment d'origine animale :	porc, crustacés
Aliment d'origine végétale :	graines de soja
Partie à consommer :	racines
Moment vital fort :	mort
Plan organique :	Reins
Plan viscéral :	Vessie
Plan physiologique général :	os, moelle, oreilles
Sens :	ouïe
Type de sécrétion :	urines
Symptomatique physiologique locale :	cheveux
Typologie psychique :	sévérité, volonté, fécondité, décision
Typologie énergétique :	concentration
Psychologie passionnelle :	angoisse, peur
Psychologie vertueuse :	rigueur, sévérité
Psychologie qualitative :	sens de l'écoute
Nombre astrologique chinois :	1 et 6
Planète associée :	Mercure

Ainsi que nous venons de le voir, chaque Principe correspond à tout un ensemble d'éléments psychiques, physiques et environnementaux qui lui sont propres et dont on devra tenir compte à tous les niveaux de la Pratique taoïste d'Harmonisation des Énergies. La bonne connaissance et l'appréciation relative de ces éléments et de leur importance sont en effet essentielles pour l'établissement d'un bon repérage et d'un bon traitement des éventuels déséquilibres énergétiques. Vous pourrez vous référer à la troisième partie de cet ouvrage : j'y expose différents moyens de repérage de ces perturbations, qui sont utilisés par les professionnels.

Les lois d'Engendrement et d'Inhibition, quant à elles, donnent le circuit sur lequel on peut travailler – notamment sur les éléments concernés. De plus, cette connaissance permet au quotidien d'éviter l'aggravation de nos propres excès ou carences en nous permettant de faire évoluer nous-mêmes les facteurs environnementaux ou somatiques liés à ces déséquilibres.

Les lois d'Engendrement et d'Inhibition

Ces deux lois, qui définissent et gèrent les rapports entre les Cinq Principes, ont été établies et codifiées, elles aussi, par et grâce à l'observation du fonctionnement des lois naturelles. On respectait ainsi à nouveau la philosophie du macrocosme et du microcosme.

La première de ces deux lois est le cycle d'Engendrement, que l'on appelle aussi loi Mère Fils. Elle définit avec une logique sans faille la première forme de rapport entre les Cinq Principes. Le Bois engendre le Feu, qui engendre la Terre, qui engendre le Métal, qui engendre l'Eau, qui engendre le Bois, qui à son tour engendre à nouveau le Feu.

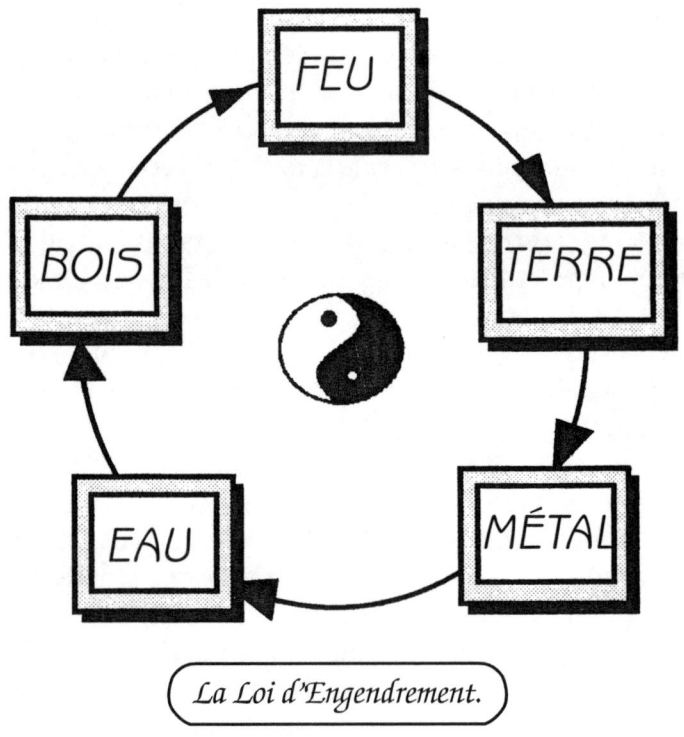

La Loi d'Engendrement.

En effet, le bois est ce qui nourrit, alimente, produit le feu. C'est donc lui qui l'engendre. Il est aussi logique de dire que le feu nourrit, alimente la terre. Ce ne sont pas les agriculteurs qui brûlent les chaumes pour engraisser la terre qui diront le contraire. Tout aussi logique est l'idée de la terre qui produit et fabrique le métal (que l'on extrait de cette terre). Il peut sembler moins évident de dire que le métal produit l'eau, mais il est bon de rappeler qu'en s'oxydant, le métal libère des molécules d'hydrogène nécessaires à l'eau. Rappelons-nous qu'il a besoin d'eau pour s'oxyder et aussi que lorsqu'on veut produire de l'eau par catalyse, à partir d'oxygène et d'hydrogène, on a besoin d'une électrode métallique. Enfin, lorsque le métal est chauffé, il devient liquide. Il est aussi plus simple de comprendre que l'eau engendre le bois, toute plante ayant besoin d'être irriguée pour pouvoir pousser.

La deuxième loi est le cycle d'Inhibition ou de Contrôle et elle définit une autre forme de rapport entre les Cinq Principes qui est tout aussi explicite. Le Bois inhibe la Terre, le Feu inhibe le Métal, la Terre inhibe l'Eau, le Métal inhibe le Bois, l'Eau inhibe le Feu.

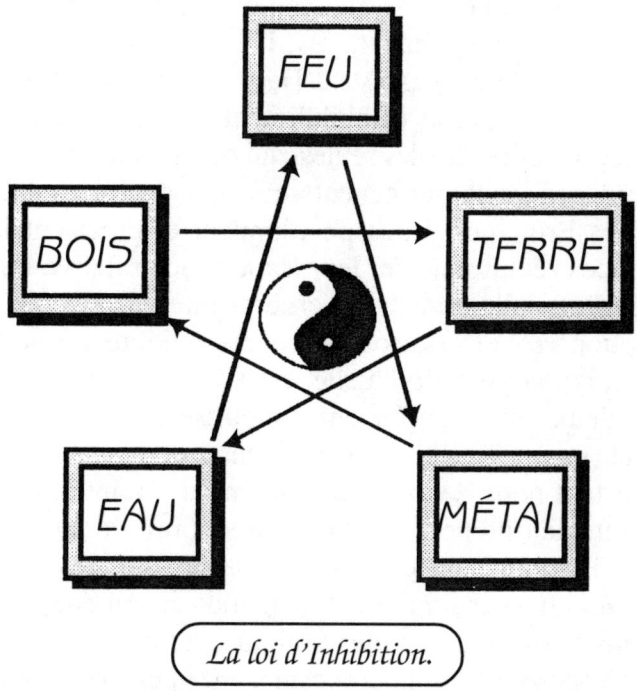

La loi d'Inhibition.

Là aussi les explications sont simples et logiques. Le bois inhibe la terre, c'est-à-dire qu'il la contrôle. C'est pour cette raison que, pour fixer les dunes ou empêcher l'érosion des sols, on plante de la végétation. Il est aussi clair que le feu inhibe le métal. C'est en effet grâce à lui qu'on peut forger, fondre, travailler le métal en lui donnant notamment une forme. Le fait que la terre inhibe l'eau, coule aussi de source. C'est elle qui l'absorbe et dont on se sert pour combler les mares ou endiguer les ruisseaux et les rivières. Il est simple ensuite de comprendre comment le métal contrôle le bois. Grâce à lui, on coupe le bois et on le façonne. Doit-on enfin expliquer comment l'eau contrôle et inhibe le feu ? Elle permet de le refroidir, voire même de l'éteindre.

Les images sont assez claires pour ne pas avoir besoin d'explications supplémentaires. Il est essentiel à tous les niveaux de la Pratique taoïste d'Harmonisation des Énergies de se référer à ces lois d'Inhibition et d'Engendrement. Ce sont en effet elles, et elles seules, qui définissent les rapports d'interdépendance permanents qui régissent les relations entre les Principes. Elles positionnent et précisent leurs influences réciproques et leur importance relative et, par conséquent, celle de tous les critères intervenants qui sont en relation avec eux (saison, heure, déséquilibre, forme, psychisme, typologie individuelle, etc.).

Ces deux lois se retrouvent symbolisées dans le schéma suivant (page 57). Il est bon de le garder en mémoire car à tout instant nous devons être à même d'y faire référence. En effet, rien ne peut se penser et se faire de façon efficace en Pratique taoïste d'Harmonisation sans ces deux lois qui sont la base incontournable de tout travail énergétique profond. C'est d'autant plus vrai que, selon la philosophie du macrocosme et du microcosme, « tout est dans tout et à l'image de ce tout ». À l'intérieur même de chaque Principe, nous allons retrouver la reproduction miniature de ces deux lois.

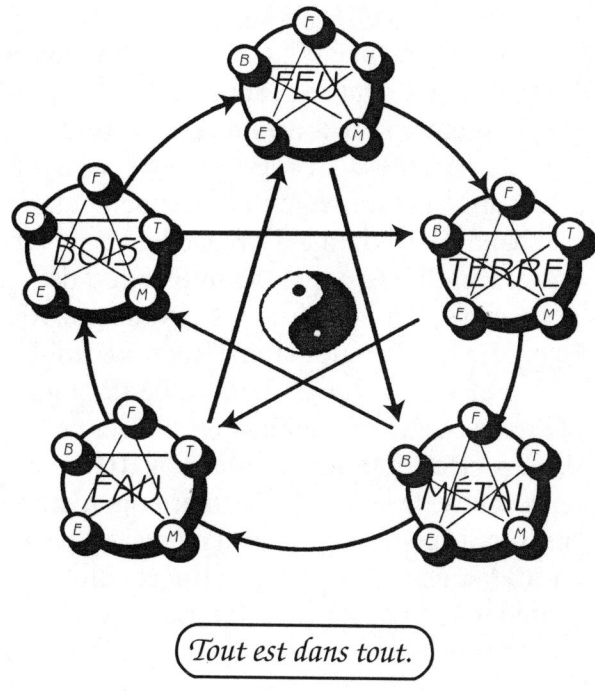

Tout est dans tout.

Les Énergies déséquilibrantes

Les causes exogènes

Comme nous avons pu l'entrevoir précédemment, l'Énergie Vitale qui circule dans l'homme peut être perturbée du fait de son comportement vis-à-vis de son propre corps. Nous verrons dans le chapitre consacré aux Psychés organiques (page 62), que son mental peut agir de même. Ce sont là les causes qualifiées d'endogènes. Mais il existe aussi des causes externes à l'homme, qui vont venir perturber ses énergies contre sa volonté (ce qui reste à démontrer vraiment si l'on veut bien réfléchir sur le hasard ou la fatalité des choses et des événements). Ce sont là les causes qualifiées d'exogènes. Ce sont ces causes qu'on appelle Énergies « déséquilibrantes », ce mot étant pris dans le sens d'altérantes, bouleversantes. Ces Énergies sont toutes les formes d'Énergies naturelles ou environnementales dans lesquelles « baigne » l'homme. Lorsque leur caractère qualitatif ou quantitatif n'est pas adapté, elles deviennent nocives (excessives ou insuffisantes). Nous pouvons, par exemple, prendre les Énergies climatiques. Le froid, s'il est excessif, devient mauvais pour la santé de l'homme. Mais il faut faire très attention à toujours relativiser cette notion d'excessif. En effet, une température de 10 °C en plein hiver dans le centre de la Mongolie intérieure n'aura aucun degré de perversité commune avec la même température un 15 août en Andalousie. Prenons un autre exemple. Le bruit peut très rapidement devenir une Énergie déséquilibrante, mais il faut aussi nuancer ce jugement de perversité car une goutte d'eau qui tombe sans arrêt dans le silence de la nuit peut présenter un caractère de nuisance nettement supérieur aux 90 décibels d'une moto à 18 heures sur les grands boulevards parisiens.

La perversité d'une Énergie extérieure n'existe donc pas dans l'absolu mais dans le relatif, exactement d'ailleurs comme nous l'avons déjà vu pour la forme Yin ou Yang d'une Énergie.

C'est donc le caractère perturbé d'une Énergie naturelle ou environnementale par rapport à sa normalité du moment et du lieu qui donne son caractère dérangeant. Dans le cas des Énergies saisonnières, par exemple, on peut constater que toute la nature ressent et subit ce caractère de perversité. Un hiver trop froid fait pénétrer le gel trop profondément dans la terre et les graines sont détruites. Un hiver trop doux ne détruit pas une quantité suffisante de parasites qui vont eux aussi détruire plus de graines. Le même hiver trop froid va produire des vagues de refroidissements et de déséquilibres pulmonaires. Ce même hiver trop doux va produire des grippes et des rhumes à répétition, etc.

Quel est maintenant le processus d'action ? Il est clair que ces Énergies déséquilibrantes vont aller frapper là où il y a fragilité. D'où l'importance du terrain et de la qualité de son entretien. L'image que l'on peut prendre est celle de la digue où l'eau s'engouffre toujours dans la fissure qui n'apparaît qu'au point le plus fragile de la digue.

Si les Énergies climatiques et environnementales sont assez conformes aux normales, elles ne présentent aucun degré de perturbation, sauf pour un individu très affaibli, chez qui elles n'entraîneront que des déséquilibres peu profonds. Par exemple, un été chaud avec 35 °C à l'ombre dans la région de Montpellier ne présente pas de gêne, sauf sans doute pour un grand cardiaque.

Si, en revanche, l'Énergie est conforme à la saison (chaud en été), mais est en excès, elle présente alors un certain degré de perturbation ; les organismes affaiblis seront profondément touchés.

Si enfin l'Énergie n'est pas conforme à la saison ou à l'environnement (froid en été), elle présente alors un grand degré de nuisance. Une grande quantité d'individus seront alors touchés, à des degrés divers en fonction de la résistance de chacun. Cette capacité de résistance et d'adaptation aux Énergies déséquilibrantes dépend surtout de la qualité de l'Énergie Défensive mais aussi de l'Énergie Nourricière. Le Yang défend mais le Yin nourrit. La plus solide des forteresses ne résiste jamais à un blocus total car il la prive de nourriture et par conséquent de force vitale.

Lorsqu'elles agissent, ces Énergies peuvent produire des déséquilibres soit immédiats, soit à long terme. Les premiers se déclarent dès l'attaque de l'Énergie déséquilibrante, quels que soient la saison et l'organe concernés. Ils sont en général peu profonds, faciles à déceler et se règlent assez rapidement. Les seconds, en revanche, sont plus difficiles à causaliser car ils ne se déclenchent pas au moment de l'attaque mais lors de la saison correspondant à l'organe concerné par ce déséquilibre. L'organe est, en effet, affaibli par cette attaque et ne peut plus jouer correctement son rôle lors de sa saison de force. Le déséquilibre se déclenche alors et étant plus profond devient par conséquent plus long à régler. Un « rhume de printemps » mal soigné, par exemple, est souvent à la base d'une très mauvaise grippe l'automne suivant. Il va donc falloir décoder tout le processus qui a amené au déséquilibre préalable, en utilisant tous les modes de repérage adaptés et en faisant appel aux professionnels de la médecine si nécessaire.

Les causes endogènes

Les déséquilibres d'origine endogène peuvent être de deux ordres. Ils peuvent avoir pour origine soit une mauvaise gestion de notre physiologie (hygiène, alimentation, respect du corps, etc.), soit de notre psychologie ou de notre spiritualité (absence d'éthique, déliquescence, manipulation, sentiments excessifs quels qu'ils soient, états dépressifs...).

Prenons, par exemple, les déséquilibres d'origine hygiénique. Il est clair que si l'hygiène de vie est respectée, elle va permettre un fonctionnement harmonieux des organes et par conséquent de tout le corps. En revanche, elle va provoquer un dysfonctionnement organique ou énergétique, selon le terrain. Dans le cas d'un déséquilibre alimentaire quantitatif, nous obtiendrons un déséquilibre de l'Énergie Vitale. L'excès d'Énergie alimentaire par rapport à l'Énergie de l'air va donner une Énergie Essentielle moins dynamique. La recherche naturelle d'Équilibre du corps humain va nécessiter une plus grande sollicitation de l'Énergie Ancestrale afin de compenser ce manque. Celle-là sera alors consommée de façon excessive aux dépens de la longévité. « On puise dans les stocks » de cette Énergie Ancestrale qui, ne l'oublions pas, nous est donnée une fois pour toutes et n'est pas renouvelable. Mais nous aurons aussi, bien sûr, un déséquilibre organique, les excès alimentaires provoquant assez rapidement un engorgement des organes. Ceux-là, fragilisés, présenteront alors de plus en plus de signes de fatigue, jusqu'au dysfonctionnement total si l'on perpétue le mode de vie non approprié.

En revanche, si le déséquilibre alimentaire est qualitatif, c'est-à-dire sur le plan des saveurs, il y aura alors une fragilisation de l'Énergie concernée puis un dysfonctionnement de l'organe concerné. Cette relation entre les saveurs et les organes découle directement de la loi des Cinq Principes que nous avons vue précédemment (page 31). L'acide correspond au Foie, le sucré à la Rate-Pancréas, le piquant au Poumon, le salé aux Reins et l'amer au Cœur.

Que se passe-t-il ? Si, par exemple, nous consommons une saveur en excès, l'Énergie et l'organe correspondants seront eux aussi en excès. On pourra alors le tempérer en donnant la saveur de celui qui inhibe, qui contrôle cet organe (selon la loi d'Inhibition) et, bien entendu, en limitant la saveur excessive. Si, en revanche, la consommation d'une saveur est insuffisante, l'Énergie et l'organe concernés seront fragilisés. Il ne suffira pas alors de donner la saveur manquante car l'organe affaibli la métabolise mal, bien qu'elle lui corresponde. Il a en effet tendance à la rejeter car il n'est pas à même de l'assimiler correctement. Il faudra se servir de la loi d'Engendrement ou loi Mère Fils et donner la saveur qui correspond à la mère de l'organe concerné. Elle va alors lui apporter de son Énergie (nourrir son « fils ») et lui redonner ainsi la capacité énergétique à assimiler sa propre saveur. Prenons un exemple simple. Le Cœur est fragilisé énergétiquement. Il ne sert donc à rien de lui donner sa propre saveur qui est l'amer, car il n'est plus à même de l'assimiler correctement et va au contraire avoir tendance à la rejeter. On va donc se servir de la mère du Cœur qui est le Foie. En lui donnant sa saveur qui est l'acide, nous allons lui permettre de mieux nourrir le Cœur qui redeviendra alors capable d'assimiler à nouveau l'amer.

Les Psychés organiques

Nous allons aborder ici un niveau essentiel de codification et de compréhension de l'univers énergétique. Il est peu souvent abordé dans les ouvrages ou les diffusions classiques qui touchent aux sciences extrême-orientales. C'est là cependant un des points clés de la compréhension du fonctionnement de l'homme, de ses déséquilibres, de ses souffrances, de sa globalité. On peut, grâce à cette approche, nouer ou plutôt relier d'une façon intelligente toutes les approches des psychologues et des psychosomaticiens, leur donnant ainsi une dimension, un volume, qui transforme notre perception et notre sentiment du monde. Dans la Philosophie taoïste, il n'y a jamais eu de dissociation entre le physiologique (les organes et leurs fonctions) et le psychologique (le mental et notre comportement), voire avec le spirituel. On pourrait l'imager en disant qu'il n'y a pas eu de séparation entre l'Église et l'État, entre le temporel et l'intemporel, entre le tangible et l'intangible.

C'est pour cette raison qu'à chaque organe et, par conséquent, à chaque Principe se retrouvent associées une psychologie, une attitude et aussi une aptitude mentales que je qualifie de Psyché organique.

Les Psychés organiques peuvent donc être considérées comme les polarités mentales particulières formant la personnalité et l'individualité de tout être et qui peuvent être rattachées à un organe et à son Énergie. Trois mille ans de pratique quotidienne ont corroboré cette approche. L'homéopathie a redécouvert à sa manière cette notion ainsi d'ailleurs que toutes les approches holistiques de l'homme, c'est-à-dire des approches globales et, par conséquent, intelligentes.

Pour que la vie se manifeste, existe dans notre plan de conscience actuel, elle a besoin d'abord de se matérialiser. Une pensée, par exemple, a besoin d'être exprimée pour exister, donc matérialisée par la parole. Même si elle était présente avant la parole, la pensée n'est pas la première à apparaître, sa forme manifestée devant exister avant elle ; le Yin apparaît donc avant le Yang. Prenons un autre exemple avec le monde informatique. Le logiciel est ce qui existe « avant » dans l'ordinateur, mais il ne peut se matérialiser que si, avant lui, existe l'écran sur lequel et par lequel il va pouvoir se manifester.

De la même manière, notre psyché a besoin de différents niveaux de manifestation, de matérialisation pour pouvoir exister. Les Psychés organiques se présentent donc comme la vie psychique dépendante de l'Énergie de chaque organe pour se manifester. Mais chaque Psyché est elle-même inscrite dans l'Énergie Ancestrale. Laville Méry a dit que « l'entité est le moule en puissance qui donnera la forme à chaque organe ». Comme nous l'avons vu précédemment dans la loi des Cinq Principes, chaque Principe contient une parcelle de tous les autres. Il en est de même pour les

Psychés organiques qui sont dépendantes et indissociables de l'Énergie d'un organe et qui contiennent chacune toutes les autres.

Nous pouvons ouvrir ici une parenthèse intéressante en faisant un parallèle avec ce que les chercheurs modernes redécouvrent et qu'ils appellent « la pensée holographique ». En partant de la technique de l'hologramme, qui ne peut exister que si chacun des points qui le composent porte en lui les informations de la situation de tous les autres points, ils comprennent que la pensée fonctionne certainement de façon analogique (dans sa mise en forme) mais que l'esprit, pris dans le sens large du terme, ne peut, lui, fonctionner que de façon holographique. C'est ce qui fait la différence entre l'homme et le reste de la Création, et c'est pourquoi il peut créer, imaginer, potentialiser, projeter et par conséquent évoluer. Fermons la parenthèse...

De même que nous possédons cinq organes liés aux Cinq Principes, nous avons donc cinq Psychés organiques reliées à ces cinq organes :

Le Chenn qui est rattaché au Cœur.
Le I à la Rate-Pancréas.
Le Prô aux Poumons.
Le Tché aux Reins.
Le Roun au Foie.

Après cette introduction, nous allons aborder l'étude de chaque Psyché organique en particulier, mais tout en la gardant cependant intégrée à l'ensemble homogène et indissociable qu'est un individu.

LES PSYCHÉS ORGANIQUES 65

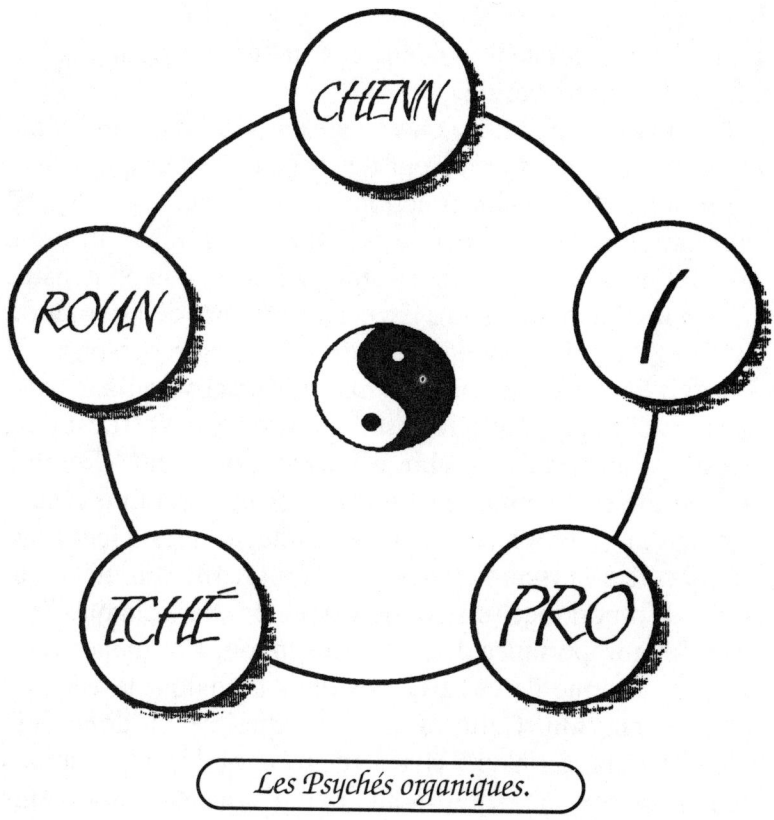

Les Psychés organiques.

Le CHENN

La Psyché organique Chenn est associée au Cœur et au Principe du Feu. La traduction de l'idéogramme Chenn, selon André Faubert, peut s'interpréter de deux manières : « forces naturelles ou vitales » ou bien « matière subtile ». Les scientistes choisiront, ainsi d'ailleurs que les mystiques. Pour moi, la vérité me semble être, comme bien souvent pour ne pas dire toujours, entre les deux ou plutôt l'amalgame des deux. Le Chenn peut être compris comme étant le principe directeur des manifestations de l'Énergie, c'est-à-dire l'intelligence logicienne et structurante de la mise en forme de notre Énergie.

C'est pour cette raison qu'il siège dans le Cœur, lui-même considéré comme l'empereur des organes, celui qui dirige, coordonne et gère leur fonctionnement. Mais cette Psyché présente la capacité d'évoluer. Toute la vie, elle s'informe en effet, et de ce fait se transforme, en positif ou en négatif. C'est elle qui va donc être le vecteur premier de l'évolution de l'individu. Le Chenn est propre à chaque personne. Il apparaît lors de la fécondation mais n'est activé qu'à la naissance (voilà qui peut intéresser les astrologues). Il est déjà porteur d'un certain nombre d'informations dont l'Énergie Ancestrale est sa première source. Les informations reçues pendant la gestation sont ensuite emmagasinées à leur tour. Parmi celles-là figure notamment l'empreinte originelle qui donne l'importance relative du Chenn propre à chaque Psyché. Cette importance détermine à son tour l'influence relative de chacune de ces Psychés dans la vision, le vécu de chaque individu. Cette première empreinte va donc déjà déterminer la façon qu'a chacun de recevoir les informations du monde environnant. Ce qui explique que deux individus percevront et intégreront des événements identiques de manière totalement différente. Cette différence de perception fait elle-même évoluer leur Chenn différemment, etc.

Le Chenn est donc rattaché au Cœur et pour qu'il soit équilibré, il faut que l'Énergie du Cœur le soit aussi. Le Chenn gère la synthèse, le pouvoir de coordination, l'utilisation des informations. La joie et la capacité de juger sainement et de décider dépendent de lui. Nous sommes là bien près du discernement, que les théologiens font appartenir à l'âme (puisqu'ils lui donnent un caractère de grâce divine). Toute perturbation de l'Énergie du Cœur entraîne des modifications d'ordre émotionnel ou spirituel. La conscience des choses diminue, le regard perd de sa justesse et de son acuité et la perception des idées diminue elle aussi. Le Chenn ne peut plus contrôler car il est « collé » aux événements, n'ayant pas assez d'Énergie pour prendre de la distance et par conséquent avoir une vision globale et juste. Ce sont alors les Chenn appartenant aux autres Psychés organiques qui entrent en jeu. Selon celle qui domine alors, le « regard » sera plutôt viscéral, réactif, triste, subjectif, passionnel, défaitiste...

C'est donc grâce au Chenn qu'on apprécie les sensations de la vie. Mais si un traumatisme émotionnel se produit (joie excessive ou bien drame), l'équilibre du Chenn qui gère l'émotivité est alors perturbé. Si, à ce moment-là, l'Énergie du Cœur est insuffisante ou déjà mal équilibrée, il y a alors un grand risque de voir apparaître des problèmes physiologiques importants. Ces problèmes « fixeront » leur manifestation sur le plan le plus fragile (peau, poumons, estomac, etc.). Mais si de plus le Maître Cœur, qui gère le Cœur, n'est pas assez équilibré lui aussi, le cœur organe sera alors touché.

Les facteurs héréditaires et environnementaux sont aujourd'hui tels qu'il est difficile d'avoir un Chenn harmonieux. Ce qui explique bien pourquoi de plus en plus d'individus ont tant de difficultés à être en harmonie, à se sentir en accord avec eux-mêmes, avec leur propre réalité individuelle. C'est là que la Pratique taoïste d'Harmonisation doit avant tout intervenir. Il est toujours utile d'aller régler certains problèmes spécifiques, mais il est surtout important d'utiliser cette pratique du Shiatsu pour réaliser un travail d'Harmonisation globale. En rééquilibrant son Chenn, l'individu va être à même de rééquilibrer sa propre gestion énergétique et émotionnelle du monde et ainsi de mieux vivre. Cela lui évite de fragiliser son terrain physiologique, voire de se créer des pathologies directement liées à ses fragilités.

Le I

Il est associé à la Rate-Pancréas et au Principe de la Terre. La traduction de l'idéogramme chinois donne : « L'intention que celui qui parle met dans les sons qu'il profère ». Le I correspond à la faculté de répéter des images dont on a conscience. Pour ce faire, il est donc le siège de la mémoire (dans le sens de ce que l'on mémorise) et il permet la réflexion. Il correspond à ce que l'on peut appeler « l'acquis expérimental ». Le I gère tout ce qui touche à la pensée, à la mémorisation, à la réflexion et aussi à l'envie. Son excès va provoquer des obsessions vers le passé, le fait de ressasser les pensées, d'avoir des idées fixes. Son insuffisance va entraîner, au contraire, une perte de mémoire, une absence de désir, un dégoût, une certaine anxiété.

Le PRÔ

Il est associé aux Poumons et au Principe du Métal. L'idéogramme chinois signifie « la partie de nous-mêmes, obscure et mal éclairée, déterminant l'action ou la réaction instinctive ». Le Prô correspond donc à la capacité qui est en nous et qui nous permet de prendre, sans aucune réflexion préalable, d'une façon totalement réflexe et instinctive, ce qui nous convient. C'est lui aussi qui nous fait rejeter, voire même détruire, ce qui ne nous convient pas. L'instinct cellulaire, les sens et les actes réflexes sont donc rattachés au Prô. Sa composante essentielle est donc héréditaire, bien que quelques parties puissent être acquises (notamment par l'alimentation). Les aliments « dégénérés » que nous consommons aujourd'hui expliquent en partie la « dégradation » de notre instinct cellulaire (maladies auto-immunes, cancers, etc.). Mais le propos de ce livre n'est pas d'engager un débat sur ce sujet qui fait l'objet d'un autre ouvrage, *Dis-moi où tu as mal, je te dirai pourquoi*. Seuls un Roun, un Prô et un Chenn parfaitement équilibrés peuvent faire face à ces dissonances intérieures qui déstructurent l'organisation de notre chaos personnel en s'appuyant sur un Tché solide. L'instinct de conservation et l'instinct vital appartiennent au Prô.

Son excès va donc entraîner l'agressivité, des obsessions dirigées vers le futur, la crainte et la tristesse. Son insuffisance va se traduire par l'angoisse du futur, une perte de l'instinct de conservation, le désintérêt pour les choses, la vulnérabilité face au monde extérieur, les pleurs.

Le TCHÉ

Il est associé aux Reins et au Principe de l'Eau. La traduction de l'idéogramme chinois, selon Faubert, signifie « l'exécution des intentions, la réalisation d'un désir, l'intention dans l'exécution ». Le Tché représente la volonté, mais pas le volontarisme qui appartient au Prô. C'est la volonté prise dans le sens de la capacité à faire bouger les choses, à aller mettre en mouvement les Énergies nécessaires pour agir. C'est donc une Énergie puissante et profonde, comme l'Eau du Principe, qui est associée au Tché. La faiblesse énergétique du Rein entraîne donc la velléité. Or, si nous relions cela à l'Énergie dans l'homme (voir page 26) et notamment l'Énergie Ancestrale, qui se situe dans les Reins, nous pouvons comprendre pourquoi les vieillards manquent souvent de volonté. Leur Énergie Ancestrale s'épuise, la vitalité baisse. L'Énergie des Reins baisse à son tour, le Tché est alors fragilisé, voire insuffisant, la volonté diminue. Ils fonctionnent alors sur le I qui, en tant qu'inhibiteur du Tché, devient fort. C'est pour cette raison que les vieillards ont très souvent une mémoire assez importante et claire du passé lointain, mais insuffisante pour le présent ou le passé récent.

La ténacité, le courage et l'esprit de décision appartiennent au Tché. Si l'Énergie du Rein est en excès, le Tché excessif va donner de la témérité et de l'autoritarisme. En revanche, si cette Énergie est insuffisante, le Tché insuffisant va donner de l'angoisse, de l'indécision, des peurs viscérales.

Le ROUN

La Psyché organique appelée Roun est associée au Foie et au Principe du Bois. Faubert traduit l'idéogramme chinois par « ordres et défenses des ancêtres après leur mort », ce qui le fait d'ailleurs se rapprocher de la notion d'hérédité. Soulié de Morant considère que le Roun contient tous les éléments des ordres-défenses héréditaires inconscients. Cette mémoire porte donc tous les acquis héréditaires de protection devenus réflexes. C'est notamment elle qui emmagasine et capitalise le travail que nous pouvons faire sur nous-mêmes pour évoluer dans notre rapport au monde extérieur (immunité plus ou moins développée ou fragilisée, rapport aux autres, etc.). Ce travail devient acquis lorsqu'il passe de la mémoire consciente à la mémoire inconsciente et aussi, et surtout, lorsque nous changeons de plan de conscience (vie et mort). Le Roun est donc la partie héréditaire et acquise du psychisme où s'enregistrent, sont sauvegardées, pour employer un terme informatique, les contraintes et les sollicitations de la vie. Cette spécificité fait que la tonicité de chaque individu dépend du Roun.

Les rêves dépendent du Roun et par conséquent de l'Éner

gie du Foie. Les rêves difficiles et les cauchemars montrent que l'Énergie du Roun et par conséquent celle du Foie sont déséquilibrées. Sur le plan conscient et selon les éléments définis par le Principe du Bois, le Roun donne l'imagination. S'il est puissant grâce à une Énergie du Foie forte, l'imagination sera grande. Mais il est alors intéressant de voir sur quelle autre Psyché organique le Roun s'appuie pour donner forme à cette imagination. Si, par exemple, il s'appuie sur le I, qui est celle associée à la Rate-Pancréas et au Principe de la Terre (qui gère la mémoire), cette imagination sera tournée vers le passé. Elle ressassera, répétera les idées et les schémas, tuant ainsi tout potentiel de création. En allant même plus loin, si cet appui sur le I est excessif, cette imagination sera alors destructrice car elle sera « syndromique », nombriliste et passéiste. C'est le cas de la plupart des états dépressifs.

En revanche, si le Roun s'appuie sur le I et sur le Prô, qui est la Psyché organique associée aux Poumons et au Principe du Métal, cela donnera une imagination prospective car elle s'appuiera effectivement sur le passé pour construire ses bases mais en se tournant vers l'avenir. Elle va donc pouvoir imaginer le futur à partir de la mémoire acquise dans le passé. Si, enfin, elle s'appuie sur le Chenn, elle sera structurée et claire et, sur le Tché, elle sera réaliste et pourra être mise en application. Nous pouvons donc voir que la quantité d'Énergie correspondant à chaque Psyché est importante. Elle détermine, en effet, leur niveau d'excès ou d'insuffisance, ce qui donne alors la forme et la manière avec laquelle la Psyché se « manifeste ». En excès, le Roun entraîne la colère et en insuffisance, le manque d'imagination, de coordination, de punch. Le regard vers le monde extérieur donné par le Roun est celui du sentiment et de l'affectif, une vision donc plutôt féminine. Ce qui explique, par exemple, que la lithiase biliaire soit une affection plutôt féminine.

Nous pouvons donc conclure cette partie importante de notre étude en résumant les rôles principaux tenus par les Psychés organiques selon la Philosophie taoïste.

• Le Chenn est l'élément référentiel permanent de la vie mentale. De lui dépendent la synthèse, la coordination, l'analyse et la décision. Il gère aussi la joie, les émotions et la capacité de jugement.

• Le I correspond à la possibilité de réflexion, de mémorisation. Il contrôle la pensée et la capacité d'assimilation des informations. Il est tourné vers le passé.

• Le Prô est chargé de tout ce qui touche à l'instinct cellulaire. C'est de lui que dépend notre capacité réflexe de protection physique, c'est-à-dire non élaborée et qui ne passe pas par la réflexion. Il contient donc l'instinct vital et l'instinct de conservation. Il est tourné vers le futur.

• Le Tché gère tout ce qui touche à l'exécution, à la réalisation des choses. De lui dépend la volonté, c'est-à-dire la quantité d'Énergie mise en œuvre pour cette réalisation de la mise en mouvement. Il correspond enfin à la ténacité, au courage (physique) et à l'esprit de décision.

• Le Roun a la responsabilité du psychisme dans sa composante héréditaire. Il concerne les réflexes de protection élaborés (immunité). Il porte aussi l'imagination et la créativité. C'est lui qui permet le rêve.

Nous pouvons synthétiser cela dans un schéma simple qui permet de bien mettre en évidence le rôle de chaque Psyché et leurs interdépendances.

LES PSYCHÉS ORGANIQUES   73

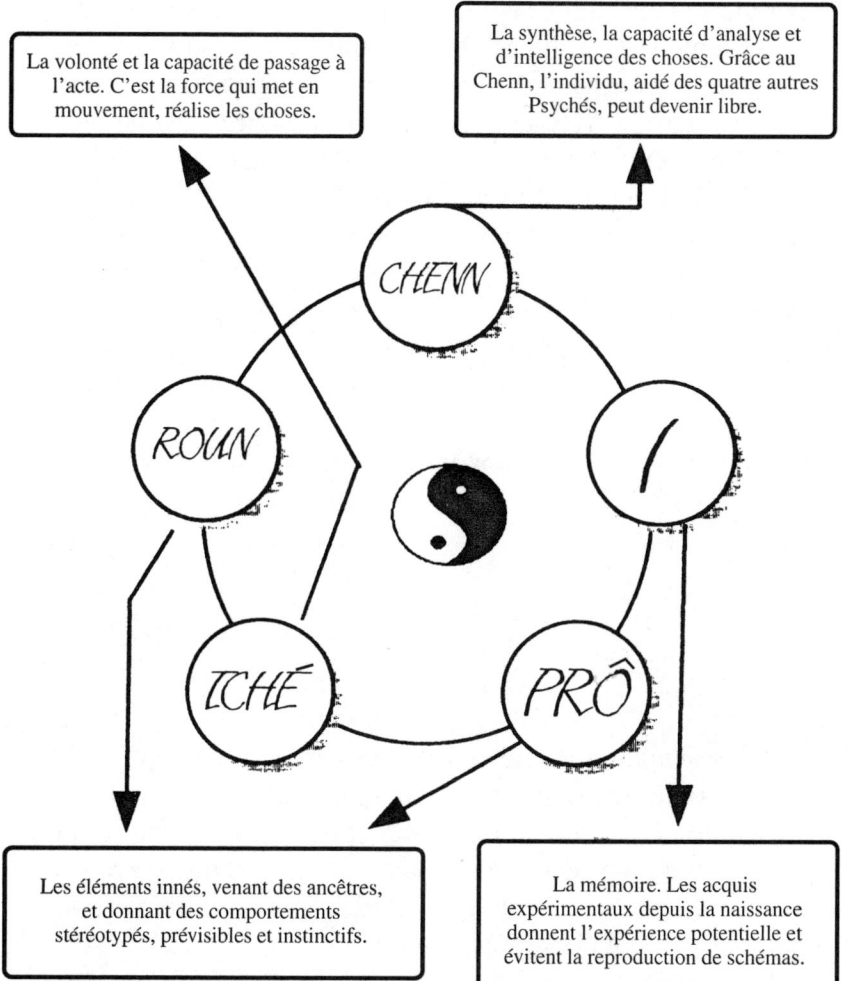

Les Psychés organiques et leur rôle.

Il est évident que toutes ces Psychés organiques, étudiées ici séparément, n'existent et ne fonctionnent en réalité qu'en étroite symbiose et interdépendance. La seule remarque particulière que je veux faire concerne le Roun et le Prô qui composent ensemble ce que la médecine traditionnelle chinoise appelle le Sing, et que je traduis par l'individualité, la typologie énergétique individuelle. Rappelons-nous que ce sont eux, en effet, qui portent nos mémoires instinctives (élaborées et réflexes); ce sont alors les éléments de la loi des Cinq Principes qui font évoluer le Sing.

Je tiens à préciser, en dernier lieu, qu'il faut être prudent quant à l'usage que l'on pourrait vouloir faire de cette correspondance de l'Énergie avec les Psychés organiques. En effet, chaque fois qu'on forcera pour améliorer ou simplement avoir telle ou telle qualité psychique sans prendre la précaution de rééquilibrer l'Énergie elle-même et l'organe correspondant, le travail se fera aux dépens de l'organe, car l'Énergie ira vers la sollicitation la plus forte.

Les Chakras

Il me semble difficile, si l'on veut aborder de façon globale l'étude des Énergies, de ne pas étudier les Chakras. Bien que cette philosophie énergétique soit originaire du continent indien (le mot originaire du hindi signifie « roues énergétiques »), elle rejoint la Philosophie taoïste car elle parle des mêmes Énergies.

La théorie des Chakras et la philosophie médicale chinoise se complètent parfaitement. Il s'agit là, pour moi, d'un aspect très important, car c'est lui qui permet de relier intelligemment les polarités physiques et spirituelles de l'homme. Je ne veux pas remplacer ici les nombreux ouvrages beaucoup plus complets qui traitent des Chakras. Je me réfère à cette approche car elle complète parfaitement l'approche énergétique chinoise.

En effet, l'énergétique chinoise est articulée autour de la loi des Cinq Principes, c'est-à-dire une loi de 5, que je qualifie de loi de l'horizontalité. La codification chinoise des Énergies concerne l'Homme dans sa position entre le Ciel et la Terre, dans sa réalité matérielle et dans son rapport à la matière. Elle est très élaborée et tient compte de la psyché mais est peu ou pas spiritualiste.

En revanche, la codification du monde de l'Énergie par les Chakras correspond elle à une loi de 7, que je qualifie de loi de la verticalité. Cette approche concerne moins le monde organique de l'homme et est beaucoup plus orientée vers son monde spirituel. D'ailleurs, son rapport avec le corps se situe au niveau des glandes endocrines, ce qu'il y a de plus fin dans notre réalité physique.

La différence essentielle réside donc dans le positionnement de cette approche. La philosophie des Chakras est plus spiritualiste et aborde l'Énergie au niveau des corps subtils de l'homme que sont ses différents corps énergétiques (éthérique, astral, etc.). Elle précise bien entendu les incidences organiques du fonctionnement, ou plus exactement de l'ouverture, de ces Chakras, mais là aussi sur un plan subtil de la physiologie (glandes endocrines). Il y a, enfin, dans cette philosophie une relation très directe entre la conscience, l'esprit, les émotions de l'homme et son corps, ce que nous venons déjà d'aborder à travers les Psychés organiques. Carl Gustav Jung considère, par exemple, que les Chakras sont les voies d'accès du Conscient, les récepteurs d'Énergies venues du cosmos vers l'esprit et l'âme de l'homme. Ils sont, pour lui, toujours alignés avec une Énergie d'essence divine, parce qu'ils sont des créations de l'âme. Je crois que si on change simplement quelques mots, on retrouve la philosophie des Psychés organiques dans le rapport qu'elle instaure entre les Énergies, le psychisme, l'hérédité et notre conscience. Ces deux codifications se complètent donc

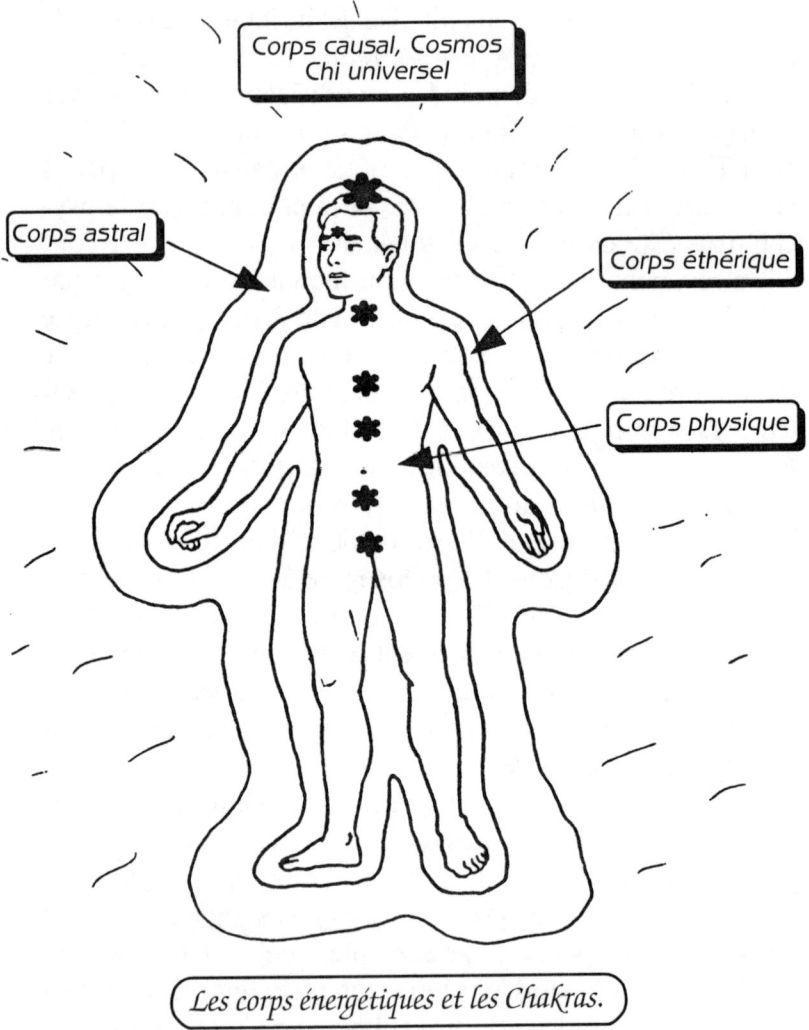

Les corps énergétiques et les Chakras.

parfaitement et permettent d'avoir ainsi une vision énergétique complète de l'homme.

Je me contenterai enfin de rappeler l'étroite relation de cette philosophie avec celle des corps auriques, plus généralement connus sous le nom d'aura. Cette dénomination est cependant gênante car elle semble laisser penser qu'il n'y en a qu'une alors que les corps auriques sont au nombre de six. Ils enveloppent notre corps physique comme autant de couches, de strates, de tailles et de finesses différentes et qui s'interpénètrent. Lors de la Pratique taoïste d'Harmonisation, nous travaillons à deux moments donnés sur les corps éthérique et astral et sur les Chakras : lors de la prise de contact avec le partenaire en « balayant » les Énergies et lorsque nous les harmonisons à la fin de la pratique. Il est important, durant ces moments, de comprendre que notre relation avec le monde et avec les autres se joue aussi et déjà à ces niveaux, sans que nous nous en rendions compte.

1 Chakra racine

Il se situe à la base de la colonne vertébrale. C'est la « queue du dragon », le coccyx. Il est directement lié à notre dimension physique et à la terre. C'est lui qui contient, ou plutôt gère, nos Énergies primordiales, notre instinct de survie. C'est aussi lui qui porte la potentialité de notre devenir physique. De lui dépend notre comportement de fuite ou d'agressivité. Selon les sages hindous, il canalise l'Énergie de la volonté. Au niveau du corps physique, il touche nos jambes, nos pieds, nos parties génitales, notre sacrum et nos reins. Sur le plan glandulaire, il gère les surrénales. La couleur qui lui correspond est le rouge.

2 Chakra du hara

Il est localisé, comme son nom l'indique, dans le fameux hara, ce centre énergétique que les Japonais placent à trois largeurs de doigt sous l'ombilic. Il est lui aussi relié à notre physique mais avec un degré d'élaboration plus poussé. Il gère en effet notre vitalité, notre capacité de mouvement, notre équilibre et notre sexualité. Il est d'ailleurs souvent situé dans les parties sexuelles. Sur le plan physiologique, il est en rapport avec le bassin, les hanches, le sacrum, les vertèbres lombaires et les parties génitales. Sur le plan glandulaire, il correspond aux gonades (testicules et ovaires). La couleur qui lui est associée est l'orange.

3 Chakra du plexus solaire

Il se situe, comme son nom l'indique, au niveau du plexus solaire. Son niveau énergétique est différent car c'est lui qui gère les émotions non élaborées. Il va donc concerner les Énergies émotionnelles brutes, les désirs, le pouvoir personnel, l'instinct de propriété. Sur le plan physiologique, il est lié au système nerveux autonome, au diaphragme, à l'estomac, à la rate et aux six dernières vertèbres dorsales. Sur le plan glandulaire, il est en relation avec le pancréas. On lui associe la couleur jaune.

4 Chakra du plexus cardiaque

Il est placé au niveau du plexus cardiaque, c'est-à-dire au milieu du sternum, sur un point situé juste entre les mamelons. Ce Chakra gère lui aussi des Énergies émotionnelles, mais élaborées. Elles correspondent à l'amour, la compassion, l'altruisme, les sentiments humanitaires. Sur le plan physiologique, il est en relation avec le foie, la vésicule biliaire, le cœur, le système circulatoire, le thorax, le système immunitaire et, enfin, les six premières vertèbres dorsales. Sur le plan glandulaire, il est lié au thymus (rôle important, notamment chez l'enfant, dans le développement de l'immunité). La couleur qui lui correspond est le vert.

5 Chakra de la gorge

Il correspond au plexus cervical. Ce Chakra gère tout ce qui touche à l'expression de soi, à la réceptivité, à la créativité, en particulier comportementale, c'est-à-dire la dynamique « miroir » que notre comportement engendre. C'est le centre de la communication, de l'expression et aussi du jugement. Sur le plan physiologique, il est lié à la gorge, bien entendu, aux vertèbres cervicales, aux bras, à la bouche et au système respiratoire. Sur le plan glandulaire, il est en relation avec la thyroïde. La couleur qui lui est associée est le bleu.

6 Chakra du troisième œil

Il est localisé à la racine du nez, à un centimètre au-dessus du point placé juste entre les deux sourcils. Il correspond à l'intellect, l'intelligence, l'intuition et même la clairvoyance. C'est le centre de l'idéalisme et de l'imaginaire. Il reflète également la vision intérieure et son expression extérieure. Sur le plan physiologique, ce Chakra est en relation avec les oreilles, le nez, le front, la partie postérieure du cerveau, la moelle épinière et l'œil gauche (personnalité). Sur le plan glandulaire, il est rattaché à l'hypophyse (hormone de croissance). La couleur qui lui correspond est l'indigo (rouge et bleu mélangés).

7 Chakra couronne

Ce dernier est situé au sommet de la tête. C'est par lui, dit-on, que l'âme quitte le corps au moment de la mort. Il correspond au devenir spirituel, à la transcendance, à la conscience supérieure. Il porte donc la spiritualité, mais une spiritualité réelle et pas simplement intellectuelle. Une spiritualité réelle parce qu'elle est en relation, à travers ce Chakra, avec tous les autres Chakras, ce qui lui évite de n'être que conceptuelle. Sur le plan physiologique, ce Chakra est lié à la partie antérieure du cerveau, le cortex cérébral, l'œil droit (structure). Sur le plan glandulaire, il est rattaché à l'hypophyse, la glande pinéale. La couleur qui lui est associée est le violet.

En résumé, nous pouvons dire que ces Chakras ou roues énergétiques sont des portes situées sur notre corps et par lesquelles les Énergies cosmiques, selon leur degré d'élaboration, peuvent entrer. Ce potentiel d'entrée n'est pas déterminé par le fait que ces portes fonctionnent ou non car elles fonctionnent toujours, mais c'est notre conscience, à travers sa capacité d'ouverture, qui va justement les ouvrir plus ou moins ou même pas du tout. Alors, le plan spirituel ou psychologique puis les plans glandulaire et physiologique qui lui correspondent seront concernés par cette plus ou moins bonne ouverture à la circulation énergétique, entraînant des hypo- ou des hyperfonctionnements.

Sur le plan des finalités des Chakras, je pense et je crois que l'on peut considérer quatre niveaux qui se définissent comme suit :

• Le premier niveau regroupe les Chakras 1 et 2 et concerne le plan physique pur. Il est constitué du premier Chakra pour le physique brut et du deuxième Chakra pour le physique que l'on peut considérer comme élaboré. Nous voyons donc là un premier plan de nature plutôt Yin (plus manifesté) et un second de nature plutôt Yang (plus fin, moins manifesté).

• Le deuxième niveau regroupe les Chakras 3 et 4 et peut être qualifié de plan de l'émotionnel, c'est-à-dire du vécu et de la manifestation du physique et du Conscient additionnés (réflexes et stéréotypes comportementaux). Il est constitué du troisième Chakra pour l'émotionnel brut et du quatrième pour l'émotionnel élaboré. Nous voyons donc à

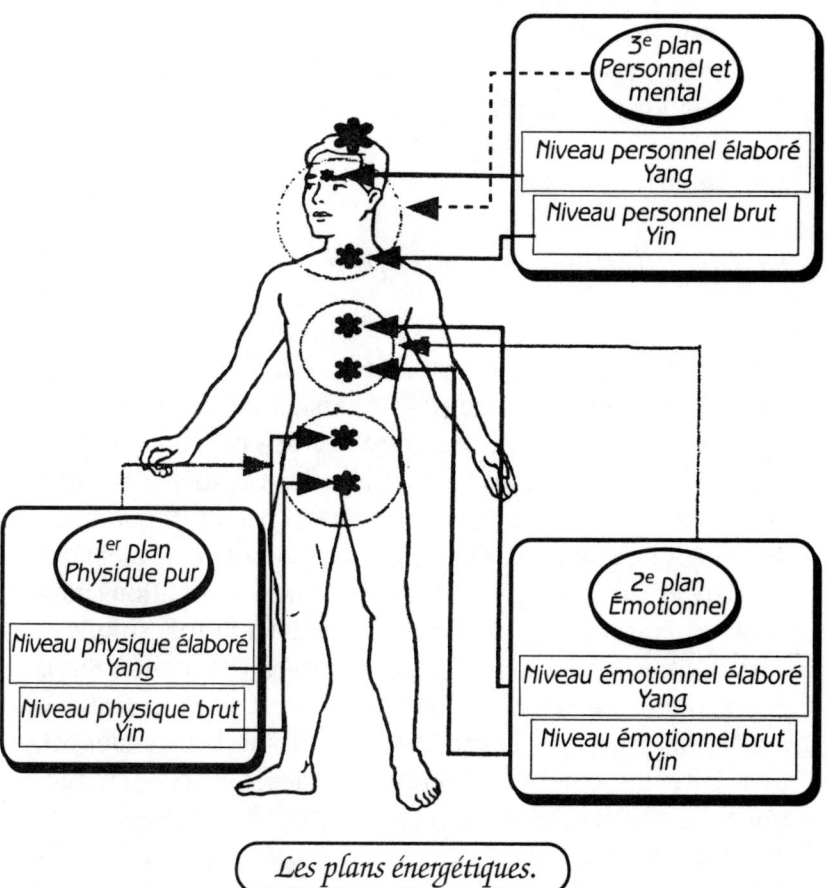

Les plans énergétiques.

nouveau un premier stade de nature plutôt Yin (plus manifesté) et un second de nature plutôt Yang (plus fin, moins manifesté).

• Le troisième niveau regroupe les Chakras 5 et 6 et touche au plan du personnel et du mental, c'est-à-dire de la perception et du vécu filtrés (personnel) et élaborés (mental) du monde environnant. Il est constitué du cinquième Chakra qui concerne le personnel brut et du sixième pour le personnel élaboré. Nous voyons donc là une nouvelle fois un premier stade de nature plutôt Yin (plus manifesté) et un second de nature plutôt Yang (plus fin, moins manifesté).

• Le dernier, enfin, est celui du Chakra couronne, sorte de « porte divine », qui regroupe tous les autres niveaux.

Les incidences corps/esprit

Ainsi que nous l'avons vu dans le chapitre consacré aux Psychés organiques (page 62), il existe une interrelation et des résonances permanentes entre le corps physique, la psyché et le mental. Nous avons aussi vu dans ce même chapitre et dans celui sur les causes endogènes (page 60) que notre psychologie, notre regard, notre vécu du monde, avaient des incidences sur nos équilibres énergétiques. Nous allons pouvoir formaliser tout cela dans un schéma à la fois simple et complet, car la compréhension de ce niveau de perturbations énergétiques est vraiment fondamentale. Elle est essentielle à deux niveaux dans la Pratique du Shiatsu. Le premier est, bien entendu, celui du repérage des déséquilibres énergétiques à travers leurs équivalents psychologiques, et le second, tout aussi important, est celui qui concerne directement notre propre attitude. Il n'est pas possible, en effet, de faire une bonne Pratique taoïste d'Harmonisation si nous ne sommes pas clairs dans notre propre démarche.

Nous allons nous appuyer sur un concept de structuration de la typologie mentale des individus développé par Carl Gustav Jung. Il divisait la psyché à travers quatre types de perception et de vécu du monde extérieur : la pensée, les sensations, les sentiments et l'intuition. Ces quatre types existent dans la psyché de chacun d'entre nous, mais avec des dosages, des prédominances différents. Lorsque les proportions de chacun sont harmonieuses, que l'Énergie n'est pas bloquée sur ou par l'un d'entre eux et qu'ils sont sans cesse recentrés par un élément référentiel permanent que je qualifierai de bon sens ou de discernement, l'individu sera lui-même harmonieux et en bonne santé physique et mentale.

Cependant, la force centrifuge des émotions ou des tendances non maîtrisées a pour effet de nous éloigner en permanence de ce centre harmonisateur pour aller vers un fonctionnement plus superficiel et égotiste. Or, plus nous nous déportons vers la périphérie de ces types, plus nous allons vers leurs caractéristiques excessives et plus nous nous éloignons des caractéristiques du type opposé, d'abord, puis des types voisins. La pensée va donc s'éloigner de plus en plus du sentiment puis de l'intuition et de la sensation. Elle va tendre vers la rigidité puis la cristallisation des choses et des idées. La sensation va s'éloigner de plus en plus de l'intuition puis du sentiment et de la pensée. Elle va tendre vers la primarité puis le rapport de force animal. Le sentiment va s'éloigner de plus en plus de la pensée puis de la sensation et de l'intuition. Il va tendre vers le sentimentalisme, la sensiblerie puis la niaiserie. L'intuition, enfin, va s'éloigner de la sensation puis de la pensée et du sentiment. Elle va tendre vers l'opportunisme puis la déliquescence.

Nous ne pouvons nous rééquilibrer qu'en revenant sans arrêt au « centre », le bon sens, le discernement, qui doit être

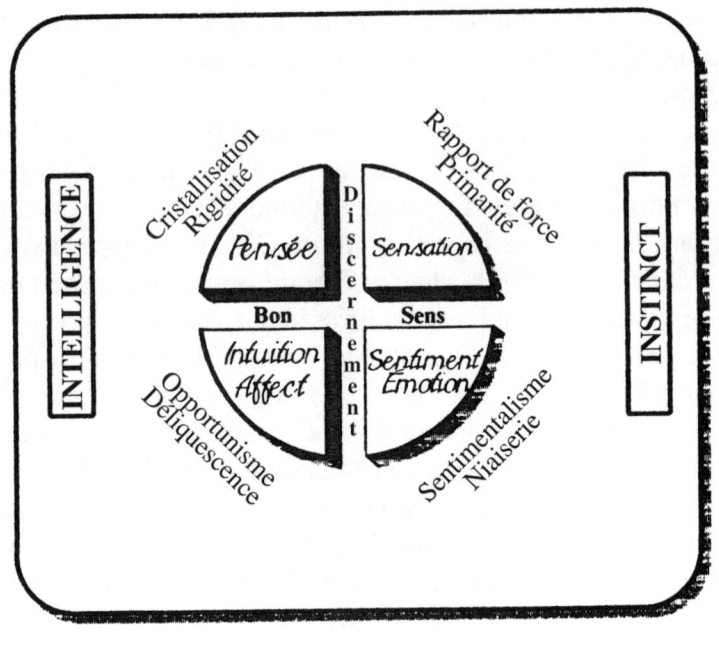

La structuration de la psyché.

un point de croisement permanent. Attention, cependant, de ne pas en faire un point de stationnement car l'absence de dynamique qui en résulterait est aussi mauvaise, si ce n'est plus mauvaise, qu'une dynamique mal équilibrée mais existante. Car en énergétique, l'absence de dynamique correspond à la mort, en tant qu'absence de vie. Nous pouvons enfin voir que ce premier niveau d'analyse des perversions des formes mentales se divise en deux plans distincts. La pensée et l'intuition appartiennent à un plan que l'on peut considérer comme étant celui de l'intelligence ; la sensation et le sentiment appartenant à celui de l'instinct (voir le schéma ci-dessus).

Si j'étends mon raisonnement aux formes mentales impliquées par ces types, nous trouvons alors que la *pensée* correspond à un mental directif et structuré. Sa périphérie donne alors un mental taciturne puis doctrinal et enfin fanatique.

La *sensation* procure un mental réactif et instinctif. Sa périphérie donne quelqu'un d'épidermique puis de violent physiquement. Le sentiment produit un mental sensible et émotif. À sa périphérie on aboutit à quelqu'un de subjectif puis de passionnel. L'intuition, enfin, correspond à un mental adaptable et souple. Sa périphérie donne quelqu'un qui manque d'éthique puis qui devient calculateur et manipulateur. Là, le centre est représenté par la vérité, la sincérité, le réalisme.

La même remarque s'impose quant au centre. Là aussi, il ne doit s'agir que d'un croisement, d'un point de référence permanent et non de fixation. Nous pouvons enfin considérer que ce deuxième niveau d'analyse des perversions des

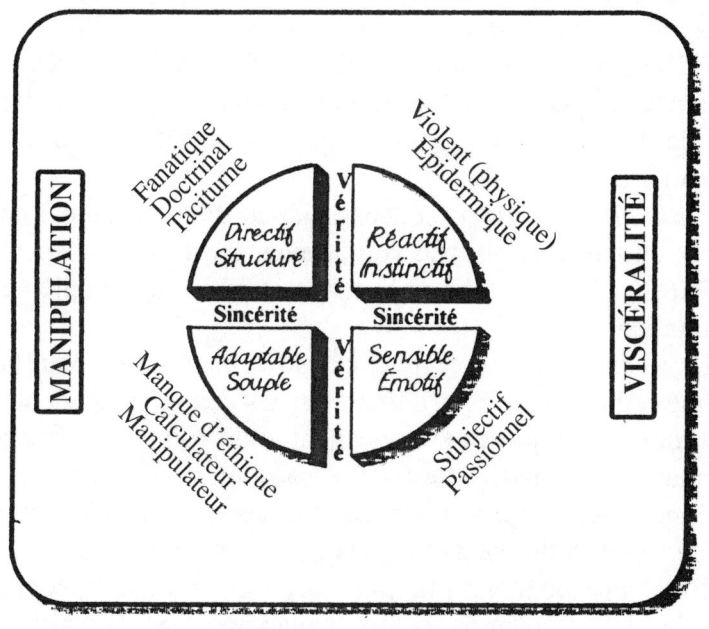

La structuration du mental.

formes mentales se divise lui aussi en deux plans distincts. Le directif structuré et l'adaptable souple appartiennent à un plan qui peut aboutir, s'il est perverti, à la manipulation. La sensation et le sentiment appartiennent à un plan qui peut être vu, s'il est perverti lui aussi, comme celui de la viscéralité.

À travers l'étude de la loi des Cinq Principes et des Psychés organiques, il devient facile de déduire alors ce que vont donner de tels comportements sur le plan physiologique.

• La *pensée* correspond à la Terre, au I. Son excès ou son insuffisance vont donner de l'aérophagie puis des aigreurs d'estomac et enfin du diabète ou des ulcères, selon le niveau de déséquilibre atteint.

• À la *sensation* sont associés le Métal et le Prô. Son excès ou son insuffisance vont entraîner le tabagisme, les états grippaux incessants, la constipation, les allergies cutanées et les affections respiratoires graves.

• L'*émotion* correspond au Feu, au Chenn. Son excès ou son insuffisance vont occasionner des diarrhées, de l'hyper- ou de l'hypotension puis enfin des problèmes cardio-vasculaires.

• L'*intuition et l'affect* sont associés au Bois, au Roun. Leur excès ou leur insuffisance vont donner des troubles hépato-biliaires puis des lithiases biliaires et enfin des problèmes immunitaires.

Là le centre est représenté par le Principe de l'Eau. La même remarque s'impose que pour les centres précédents : il ne doit s'agir que d'un croisement, d'un point de référence permanent et non de fixation. Ce troisième niveau d'analyse de l'incidence des perversions des formes mentales sur le physique se divise lui aussi en deux plans distincts. La Terre et le Bois appartiennent à un plan qui, lorsqu'il est déséquilibré, produit des angoisses (peurs élaborées). Le Métal et le Feu appartiennent à un plan qui, lorsqu'il est lui aussi déséquilibré, est celui des peurs (émotionnelles ou viscérales).

LES INCIDENCES CORPS/ESPRIT 87

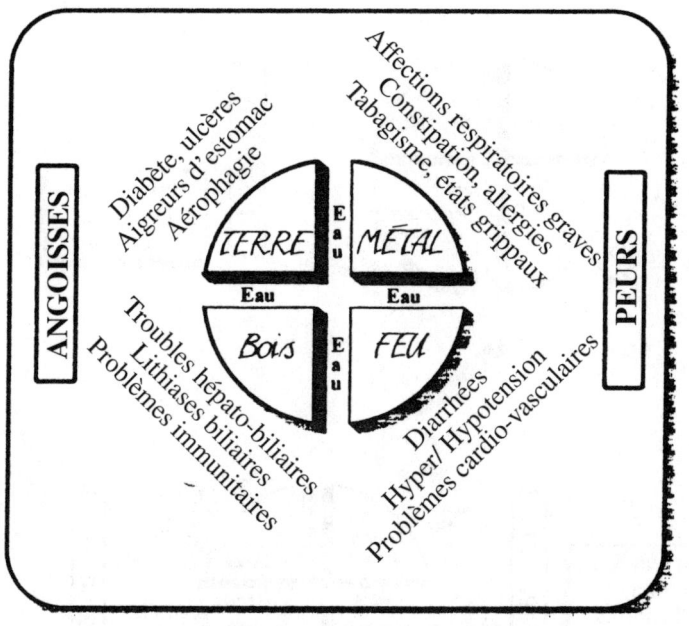

La structuration de l'organique.

Comme je l'ai écrit lors de l'étude des Psychés organiques, aucun de ces cas n'existe isolément. La réalité correspond à une savante alchimie de toutes ces tendances. Mais nous pouvons cependant retrouver des dominantes. C'est là que ces critères caricaturaux ont tout leur sens car ils permettent de déceler les tendances qui peuvent apparaître. Nous avons alors la possibilité de les corriger, si nous le voulons, avant qu'elles ne deviennent dominantes et, par conséquent, dangereuses.

Le schéma qui suit regroupe toutes les tendances.

88 L'HARMONIE DES ÉNERGIES

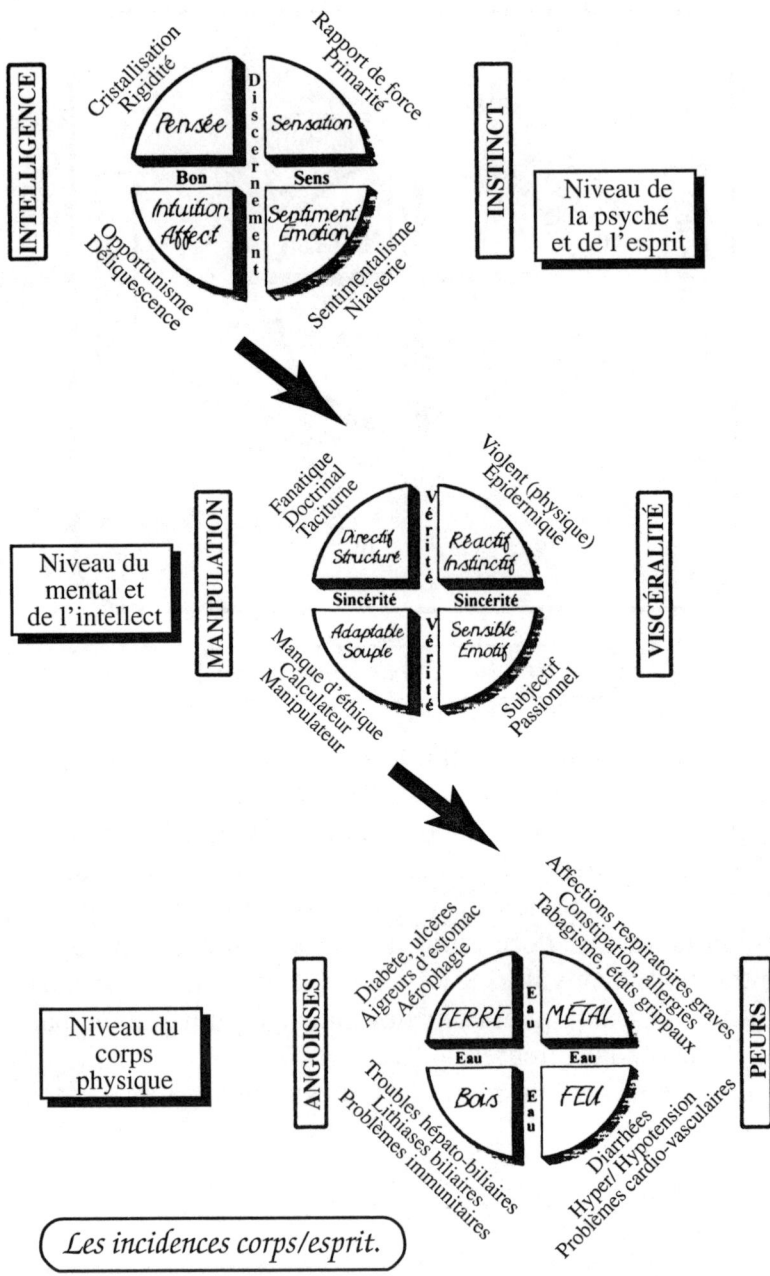

Les incidences corps/esprit.

Deuxième partie

Les techniques de massage Shiatsu

Nous allons aborder maintenant la pratique proprement dite de cette forme de Shiatsu. Faisons-le avec un esprit clair, en évitant les préjugés théoriques et en essayant d'être à l'écoute de la vie.

Dans nos sociétés modernes, nous cherchons trop souvent à analyser puis à vouloir réduire les différences. Il est tellement plus rassurant que l'autre soit à notre image. Si nous voulons vivre notre différence, nous devons être prêts à la défendre, car rien ne facilitera cette tâche. C'est bien là, d'ailleurs, une grande part du mal-être de beaucoup d'individus aujourd'hui. Ce regard des autres si dur à supporter n'est pourtant que le signe d'une peur intense de cette différence et donc de l'inconnu, ce qui ne doit pas exister dans la pratique du Shiatsu, le praticien étant là pour enrayer, voire supprimer, des déséquilibres énergétiques et non pour les sanctionner.

N'oublions pas que, comme dans notre démarche personnelle, l'humilité, la sobriété intellectuelle et le respect des autres s'imposent comme des vertus et des qualités qui participeront à notre évolution.

Le but et la philosophie de la Pratique taoïste des Énergies et du Shiatsu

C'est une technique de massage spécifique dérivée de la Philosophie du Tao et de l'acupuncture qui se veut avant tout préventive et déstressante, mais qui peut être aussi curative. Son but est de chercher à rééquilibrer les tensions et les déséquilibres énergétiques qui apparaissent dans le corps. Par le rééquilibrage des Énergies, elle permet au corps d'éliminer et à l'esprit de se centrer. L'individu n'a alors plus besoin de la maladie pour jouer ce rôle.

Il faut toujours garder à l'esprit que dans cette pratique, il en est comme il devrait en être dans toutes les pratiques et tous les moments de la vie. L'esprit ne doit pas être focalisé par le but à atteindre. Il doit rester pur et non obnubilé par un désir de résultat immédiat (ce qui est très souvent le cas) ou par un sentiment, quel qu'il soit. L'impatience et le rapport de force ou de domination sont, aussi, dommageables et incompatibles avec la pratique de cette forme de Shiatsu.

C'est pourquoi je tiens à évoquer l'attitude du pratiquant. Il n'est ni un magnétiseur, dans le sens où nous l'entendons communément, ni un sorcier ou un gourou. À partir du moment où il veut travailler efficacement, son seul sentiment envers l'autre doit être un sentiment de générosité. Il ne s'agit pas de bonté curatrice ou de toute autre forme de sentiment chargé d'une connotation d'altruisme social. Il ne s'agit pas non plus de bonté supérieure ou rédemptrice qui place celui qui soigne sur un plan plus ou moins divinisé de sagesse médicinale. Cette générosité est en fait une capacité d'écoute du corps de l'autre, d'ouverture à la sensation de ses tensions et de ses déséquilibres, sans qu'à aucun moment la moindre tentation d'analyse ou de forme de jugement de valeur n'apparaisse. Respecter l'autre dans son corps et ses tensions, c'est aussi respecter son intégrité et, par là même, se respecter soi-même. Vouloir imposer sa propre typologie énergétique par la puissance ou bien s'écarter de l'objet du massage, c'est violer cette intégrité et se ramener alors à un simple manichéisme animal et à la loi du plus fort. C'est peut-être satisfaisant dans l'instant pour certains, mais tellement appauvrissant, et même destructeur, pour le couple massant/massé.

On pourrait le résumer par une image classique que je trouve très explicite. Il s'agit du tir à l'arc traditionnel japonais ou Kyudo, dans lequel le précepte numéro un présente la cible comme un incident de parcours sur la trajectoire de la flèche. Elle sera toujours atteinte de façon parfaite si dès le pas de tir, le tireur a son esprit vide, s'il respecte, sans y penser, toute la technique du tir et si, au moment du lâcher de la flèche, il ne pense pas à la cible ni à la sanction plus ou moins gratifiante qu'elle peut représenter. Le pratiquant en Shiatsu est un tireur dont l'arc est le partenaire. L'énergie est la flèche et son rééquilibrage la cible. Si la technique du massage est respectée et pratiquée sans intention, la flèche de l'Énergie atteindra toujours son but. Si un sentiment quelconque vient vicier la technique ou l'Énergie, le but ne sera pas atteint.

N'essayons donc pas d'aller directement au traitement spécifique d'un déséquilibre qu'on pourrait croire avoir bien repéré. Il est préférable, à tous points de vue, d'être capable de faire une bonne pratique générale qui rééquilibrera de façon globale et sans risques d'erreur tout en apportant un bien-être général au partenaire, plutôt que de vouloir intervenir sur un plan particulier. Hormis les risques d'erreur d'un repérage partiel (et peut-être partial), cela ne traitera, à notre niveau de pratique, qu'un point particulier et laissera chez le partenaire un sentiment d'insatisfaction, d'incomplet, néfaste. N'oublions jamais que le corps est une globalité où un déséquilibre ne peut pas exister seul, chaque forme de déséquilibre (plénitude ou vide) ayant toujours sa contrepartie.

Le pratiquant doit donc toujours écouter attentivement son partenaire, être son écho et capable de « rebondir » sur ses tensions. Il va jusqu'à elles pour que petit à petit elles se dénouent. Il ne doit pas les violer car la réaction immédiate du partenaire serait leur intensification ou bien une fermeture à son travail. Ce qui est l'opposé de notre démarche. Ne tombons pas non plus dans l'excès inverse en faisant de cette forme de Shiatsu un simple attouchement dont le seul résultat à espérer serait une satisfaction purement épidermique ou intellectuelle.

Après avoir bien intégré ces quelques principes de base sur le caractère philosophique de la Pratique taoïste des Énergies et du Shiatsu, nous pourrons passer à l'étude de la technique en sachant que nous devons toujours garder ces principes présents à l'esprit. En effet, quel que soit le niveau atteint en Pratique taoïste, n'oublions jamais cette base et ne la renions pas (n'en déplaise aux « créateurs expérimentés » et autres). Sans ses rails, qui sont les mêmes depuis que les trains existent, la plus belle locomotive du monde devient un engin inefficace ou bien effroyablement destructeur.

La technique de base

☐ Quelques préliminaires

Dans la mesure du possible, il est bien d'avoir un tapis ou une couverture qui permette d'éviter un contact trop dur avec le sol. Le corps du partenaire sera en effet pris entre les mains du pratiquant qui vont lui impliquer des pressions plus ou moins accentuées et ce sol qui va les lui renvoyer en fonction de son type de dureté. Veillons à ce que la pièce soit suffisamment chaude afin que le partenaire n'ait à aucun moment une sensation de froid. Le pratiquant qui sera amené à avoir chaud (ce qui reste secondaire) ne doit surtout pas aérer pour se rafraîchir car cela se ferait aux dépens du partenaire.

Celui-ci s'allonge sur le ventre, les bras placés à plat sur le sol de part et d'autre de la tête, celle-ci étant posée et tournée d'un côté, les yeux fermés. Il laisse sa respiration se calmer et vide son esprit de toute pensée perturbatrice ou même directrice. Il s'abandonne en confiance et de sa capacité à s'ouvrir au Shiatsu dépendra en grande partie son efficacité profonde. De même, il ne participe activement au massage ni en esprit ni à travers le corps, mais au contraire se laisse aller. Par exemple, lors du déplacement des membres : il les garde comme morts. C'est le pratiquant qui les déplace. Pendant tout le massage, il garde les yeux fermés et sur chaque pression exercée il expire progressivement afin de ne pas bloquer sa respiration et ainsi crisper des zones déjà tendues.

Ces préliminaires étant définis, le déroulement du Shiatsu à proprement parler peut commencer.

☐ Le déroulement

1

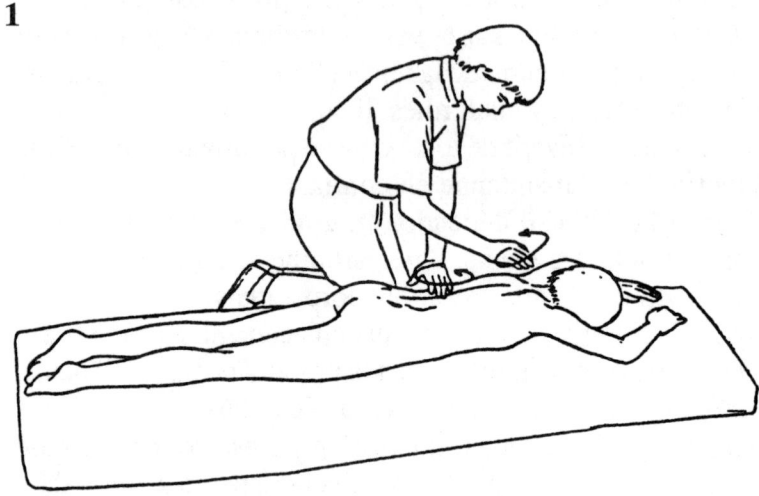

Faire allonger le partenaire sur le ventre, les bras placés de chaque côté de la tête. Prendre contact avec le dos du partenaire, assis sur les talons à côté de lui, en balayant légèrement tout le corps avec les deux mains, des mains du partenaire jusqu'aux pieds en passant par la tête. Le balayage doit être léger, aérien, mais ce n'est pas une caresse superficielle du corps, c'est une approche de son environnement énergétique.

2

Faire un appel d'Énergie dans ses mains en les frottant vigoureusement l'une contre l'autre jusqu'à ce qu'une nette sensation de chaleur apparaisse. Il est essentiel d'être vigilant à chaque instant sur son attitude et sa posture. Le dos doit être droit, les épaules basses et relâchées et les mains détendues.

3

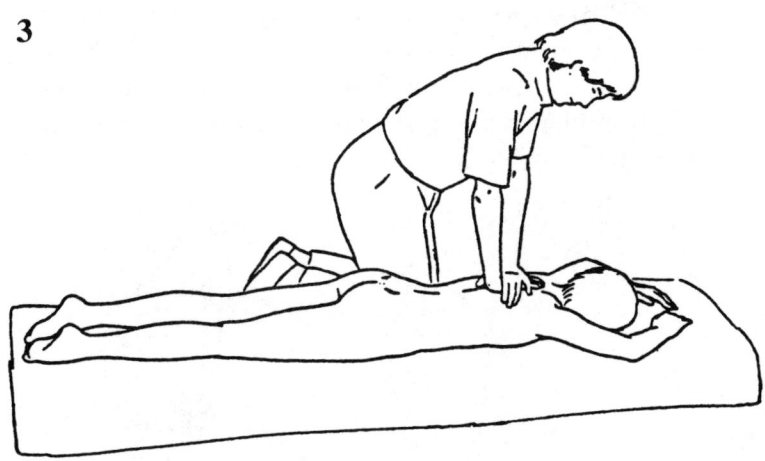

Étant assis sur les talons, parallèlement au partenaire, placer une main à plat sur la colonne vertébrale dans le sens de la longueur, puis l'autre par-dessus, perpendiculairement. En se redressant sur les genoux, effectuer un appui progressif avec le poids du corps. En commençant entre les deux omoplates, masser ainsi tout le long de la colonne jusqu'au sacrum où l'on chasse à chaque fois l'Énergie déséquilibrante vers l'extérieur en secouant les mains à la fin de chaque passage, comme si elles étaient mouillées et que l'on veuille les égoutter. On procède à 3 passages successifs sur la colonne. Attention de ne pas plier les bras : cela permet de transférer correctement l'Énergie de votre corps vers le partenaire.

4

Dans la même position, saisir dans chaque main celles du partenaire puis, dans un massage progressif et simultané, descendre le long des bras, puis le long de la colonne vertébrale (les mains paumes à plat de chaque côté) et suivre les deux jambes jusqu'à la plante des pieds que l'on ne doit pas négliger. Chasser les Énergies déséquilibrantes à la fin et procéder ainsi 3 fois. Dès que c'est possible, il est important de masser en saisissant le bras ou la jambe. Cela permet de compléter l'appui simple par une préhension douce. Attention à modérer son appui au niveau des genoux qui sont des zones sensibles.

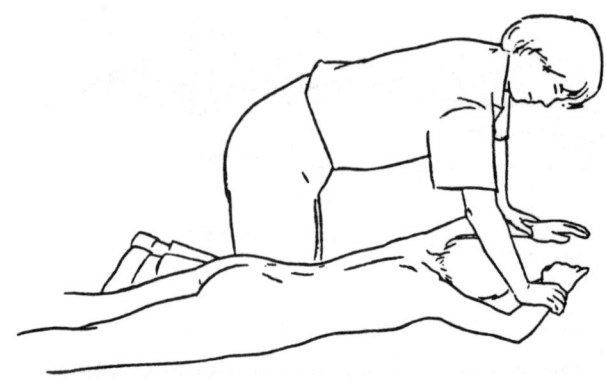

LES TECHNIQUES DE MASSAGE 97

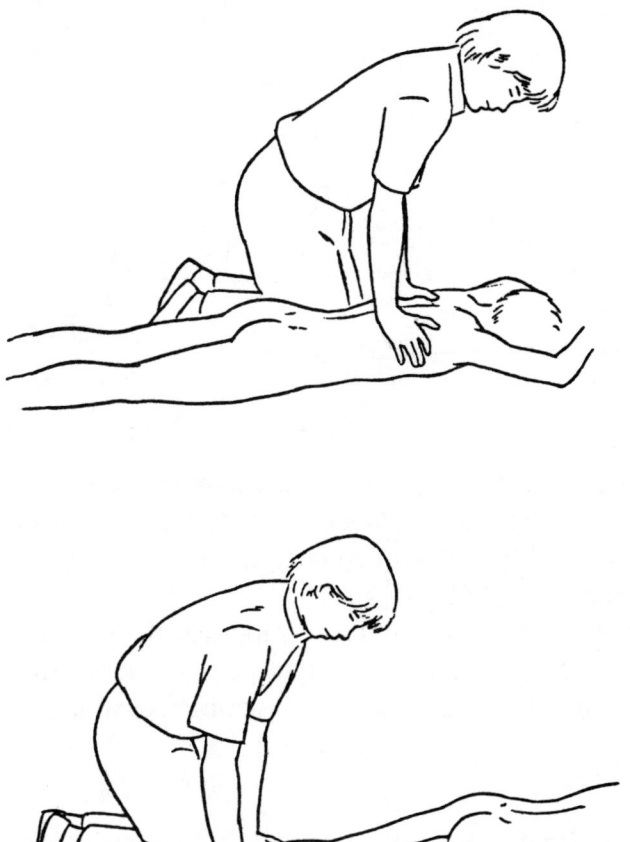

5

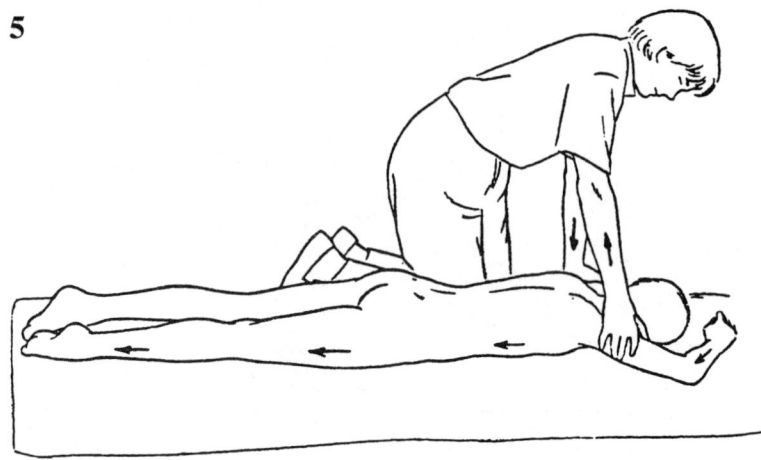

Procéder de même en effectuant un massage alternant les appuis à droite puis à gauche (comme un chat qui prépare sa couche). Chasser les Énergies déséquilibrantes à la fin et procéder ainsi 3 fois.

Dès que c'est possible, il est important de masser en saisissant le bras ou la jambe. Attention à modérer son appui au niveau des genoux qui sont des zones sensibles.

6

En se plaçant perpendiculairement au partenaire et en partant de la main droite, masser avec chaque main en alternance et en descendant le long du bras puis de la colonne puis de la jambe jusqu'à la plante du pied. On masse le côté droit en étant à la gauche du partenaire et inversement. Pour changer de côté, on passe en marchant du côté de la tête du partenaire puis on revient en marchant par ses pieds. Chasser les Énergies déséquilibrantes à la fin et procéder ainsi 3 fois de chaque côté. Attention de ne pas monter les épaules. Ne pas oublier de masser en saisissant le bras ou la jambe et de faire attention à modérer son appui au niveau des genoux qui sont des zones sensibles.

LES TECHNIQUES DE MASSAGE 99

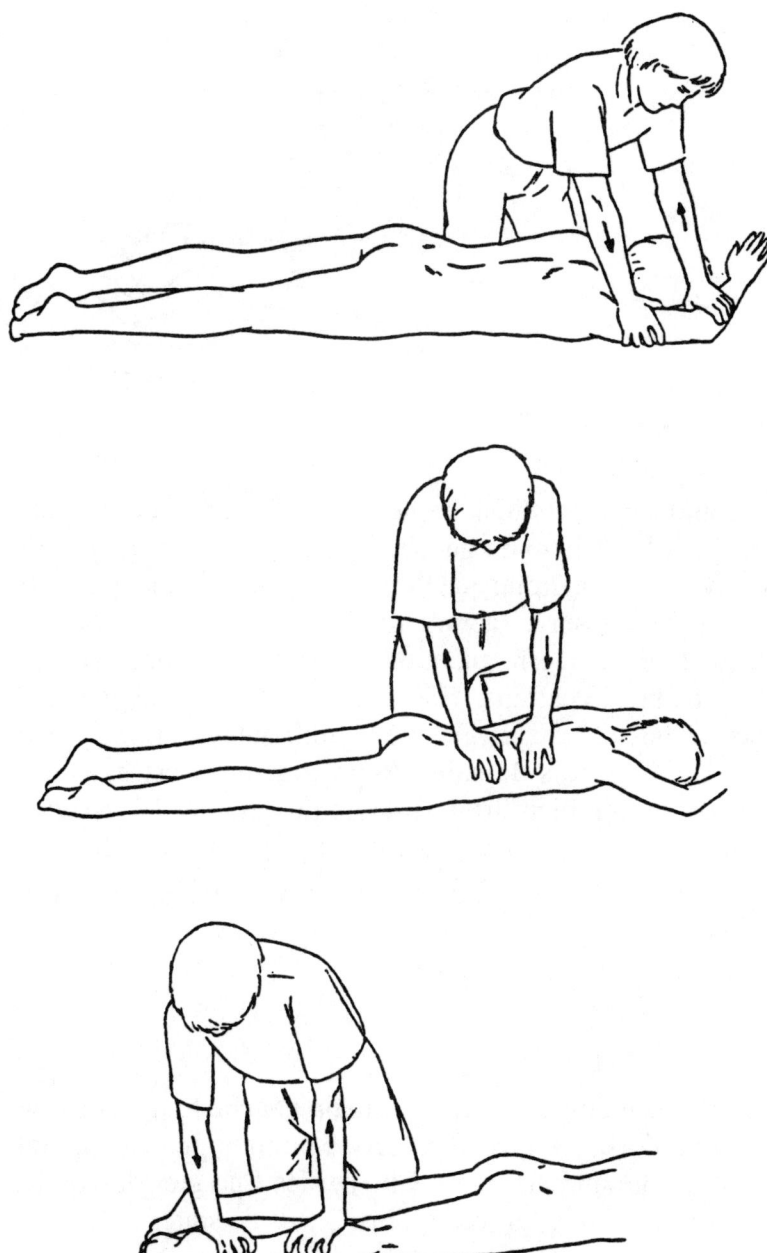

7

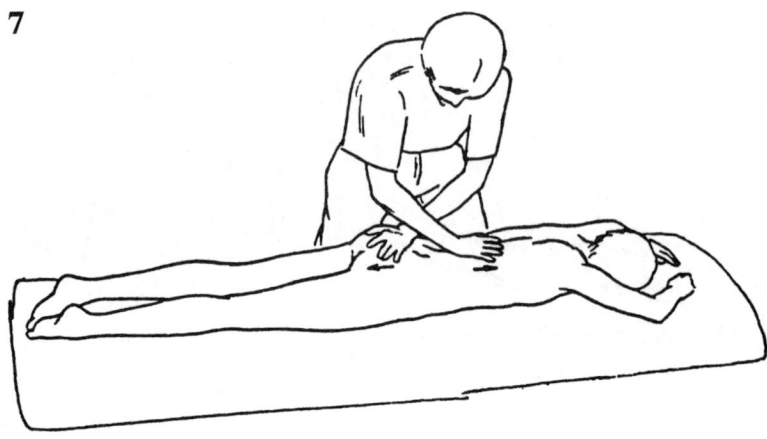

Toujours perpendiculairement et sur la gauche de son partenaire, placer la main gauche à plat sur le sacrum et croiser avec la main droite que l'on pose sur la colonne. La main gauche restant sur le sacrum, remonter la main droite le long de la colonne en effectuant une poussée simultanée sur les deux mains, le partenaire devant ressentir comme un étirement. Chasser les Énergies déséquilibrantes à la fin et procéder ainsi 3 fois de suite. Rappelons qu'il est essentiel d'avoir le dos bien droit et de ne pas monter les épaules lorsque l'on masse. De plus, ce travail précis ne se fait pas avec les bras seuls mais aussi avec la puissance potentielle du bassin.

8

Dans la même position et la main gauche toujours sur le sacrum, étirer avec la main droite comme précédemment chaque côté du partenaire. Chasser les Énergies déséquilibrantes à la fin, et procéder ainsi 3 fois de suite.

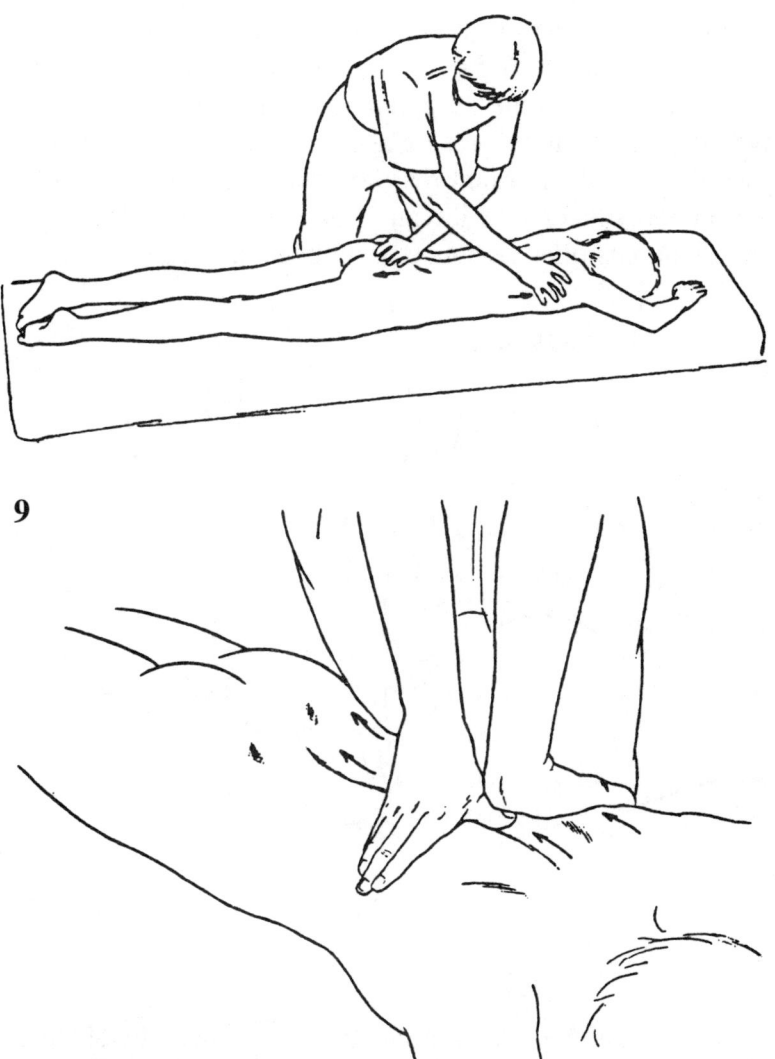

9

À nouveau parallèle au partenaire, sur son côté gauche, placer le pouce droit contre le côté gauche de la colonne, la main gauche étant placée paume à plat contre le pouce droit (les deux se retrouvent donc du même côté de la colonne). Commencer au niveau des omoplates et descendre ainsi le long de la colonne jusqu'au sacrum. Chasser les Énergies déséquilibrantes à la fin et procéder ainsi 3 fois. Passer ensuite de l'autre côté du partenaire et procéder de même, avec le pouce gauche près de la colonne et la main droite à plat. Il est très important de garder le pouce droit dans le prolongement exact de l'avant-bras. Faire donc très attention de ne pas plier ce pouce pendant le massage.

10

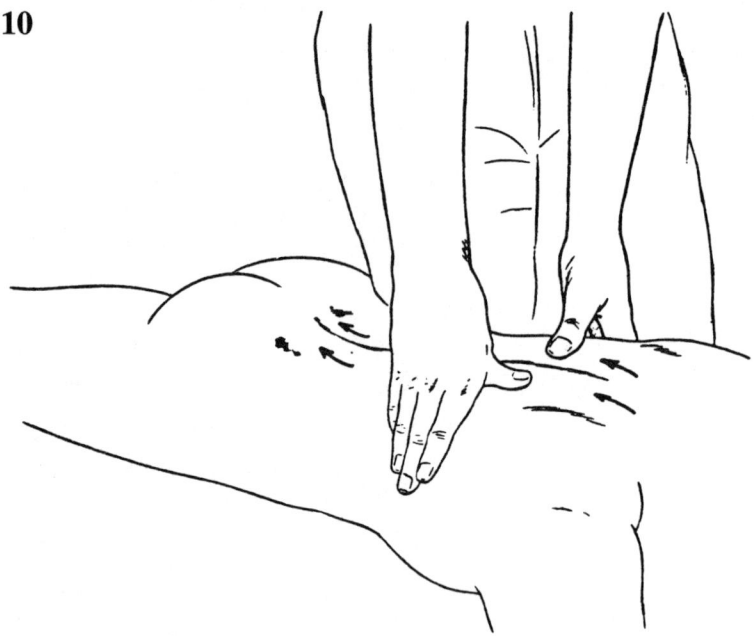

Dans la même position, mettre un pouce de chaque côté de la colonne, les quatre autres doigts regroupés et formant avec le pouce un « V » renversé. Il est préférable de garder le pouce dans l'axe de l'avant-bras afin de ne pas se fatiguer les articulations lors des pressions. Descendre le long de la colonne en appuis simultanés jusqu'au sacrum. Chasser les Énergies déséquilibrantes à la fin et procéder ainsi 3 fois. Mêmes remarques que précédemment. De plus, les quatre autres doigts doivent être bien regroupés pour ne pas disperser son Énergie et bien centrer son massage.

11

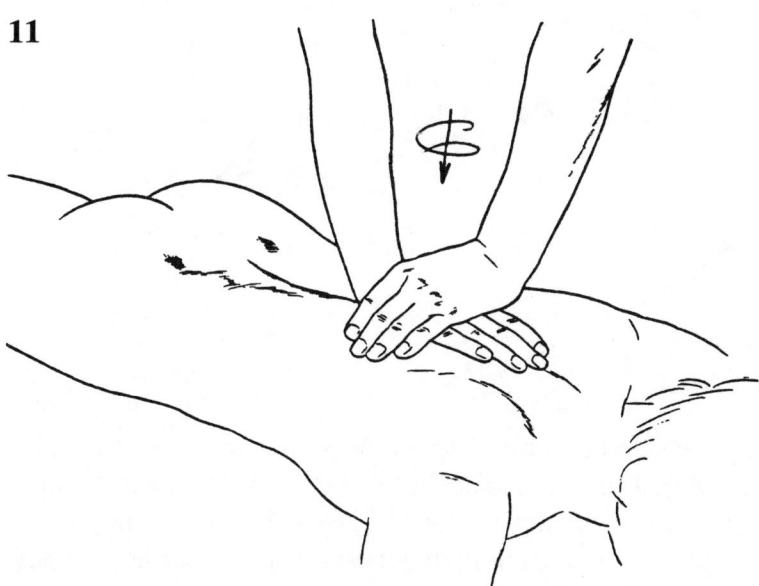

Perpendiculairement au partenaire et les mains croisées l'une sur l'autre comme en 3, procéder à un appui circulaire et descendre le long de la colonne jusqu'au sacrum. Chasser les Énergies déséquilibrantes à la fin et procéder ainsi 3 fois. Le mouvement circulaire doit bien être donné au moment de l'appui et non avant ou après.

12

Se replacer parallèlement au partenaire. Les doigts en « bec de perroquet », la colonne entre les pouces et les index repliés, masser avec précaution (car cette position pénètre très en profondeur) le long de la colonne jusqu'au sacrum. Chasser les

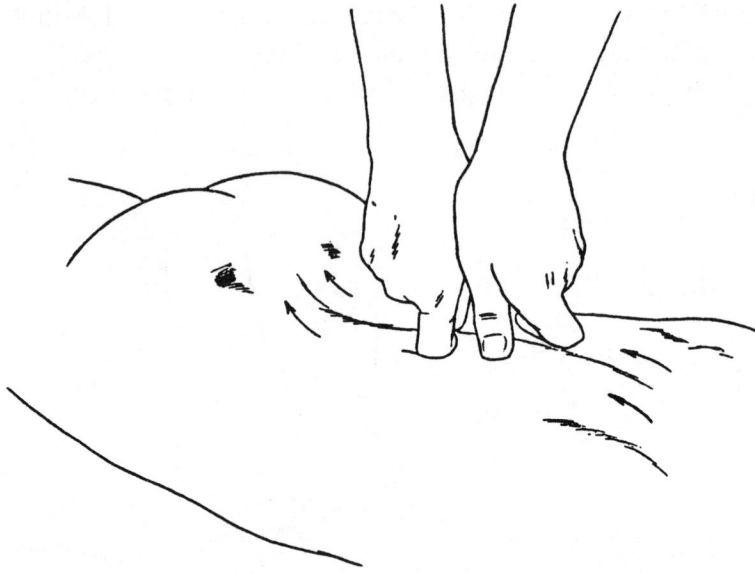

Énergies déséquilibrantes à la fin et procéder ainsi 3 fois. Le pouce doit bien être dans la ligne de l'avant-bras et l'index replié dans celle des phalanges. Ne fléchir ni l'un ni l'autre. Attention à cette technique qui est très puissante et peut être douloureuse si elle est mal appliquée. C'est là en particulier que l'on doit développer sa sensation de l'autre et apprendre à « rebondir » sur ses tensions et non à les violer.

13

Dans la même position et les doigts en « V » comme en 10, masser en effectuant une pression puis un chassé de l'Énergie sur le relâchement de cette pression. Descendre le long de la colonne jusqu'au sacrum. Chasser les Énergies déséquilibrantes à la fin et procéder ainsi 3 fois. Le relâché et le chassé doivent absolument s'0effectuer lors de la pression et non juste après.

LES TECHNIQUES DE MASSAGE   105

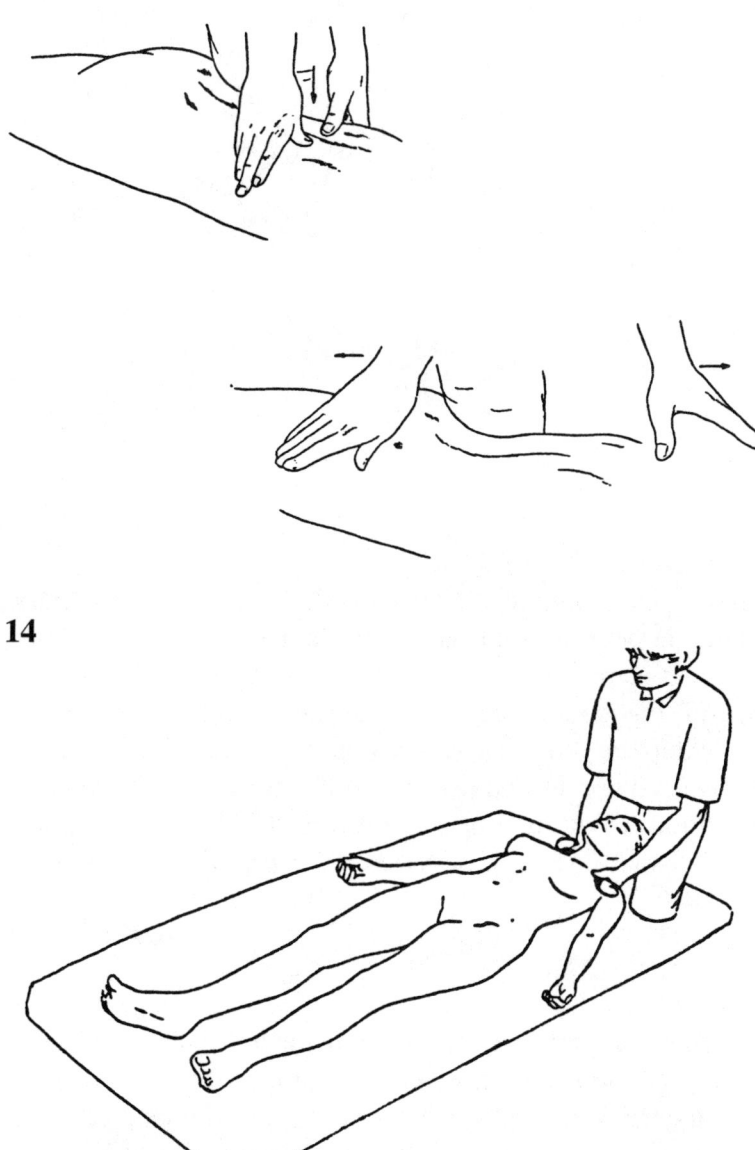

14

Faire allonger le partenaire sur le dos. Se placer, assis sur les talons, de façon à avoir la tête du partenaire entre les

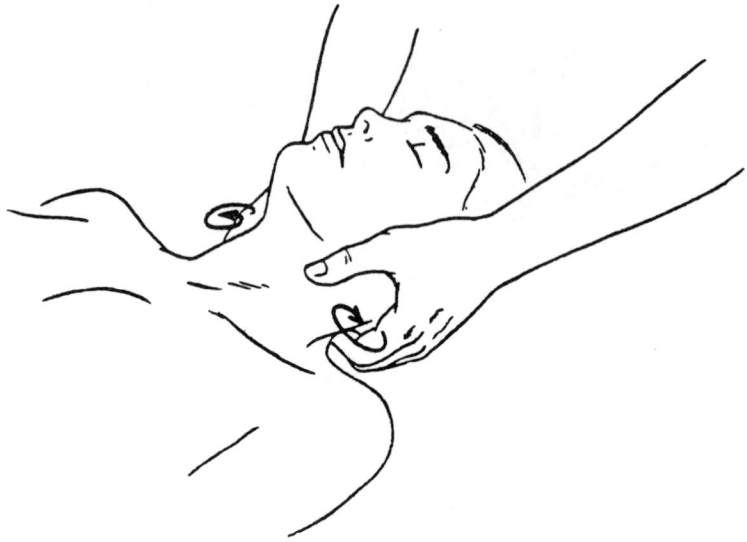

genoux. Une main de chaque côté de la tête, « pétrir » alors circulairement et progressivement le haut des épaules. Puis remonter et masser la nuque de chaque côté de la colonne puis du cou. Toujours procéder par massage circulaire, en partant de l'extérieur pour aller vers la colonne vertébrale. Détendre ainsi la nuque et le sommet des épaules pendant 3 à 4 minutes. Attention à l'attitude et à la posture. Le dos est droit, les épaules sont basses et ouvertes et l'esprit vide de volonté.

15

Placer les deux pouces en appui sur le troisième œil, les index étant appuyés sur le haut de la mâchoire au niveau du milieu de chaque oreille. Garder cet appui simultané pendant 15 à 20 secondes puis en laissant les index sur leur point d'appui, masser avec les pouces la ligne centrale du crâne jusqu'à la nuque 3 fois de suite. Masser ensuite de même la ligne intermédiaire puis enfin la ligne des tempes. Ne pas oublier

LES TECHNIQUES DE MASSAGE 107

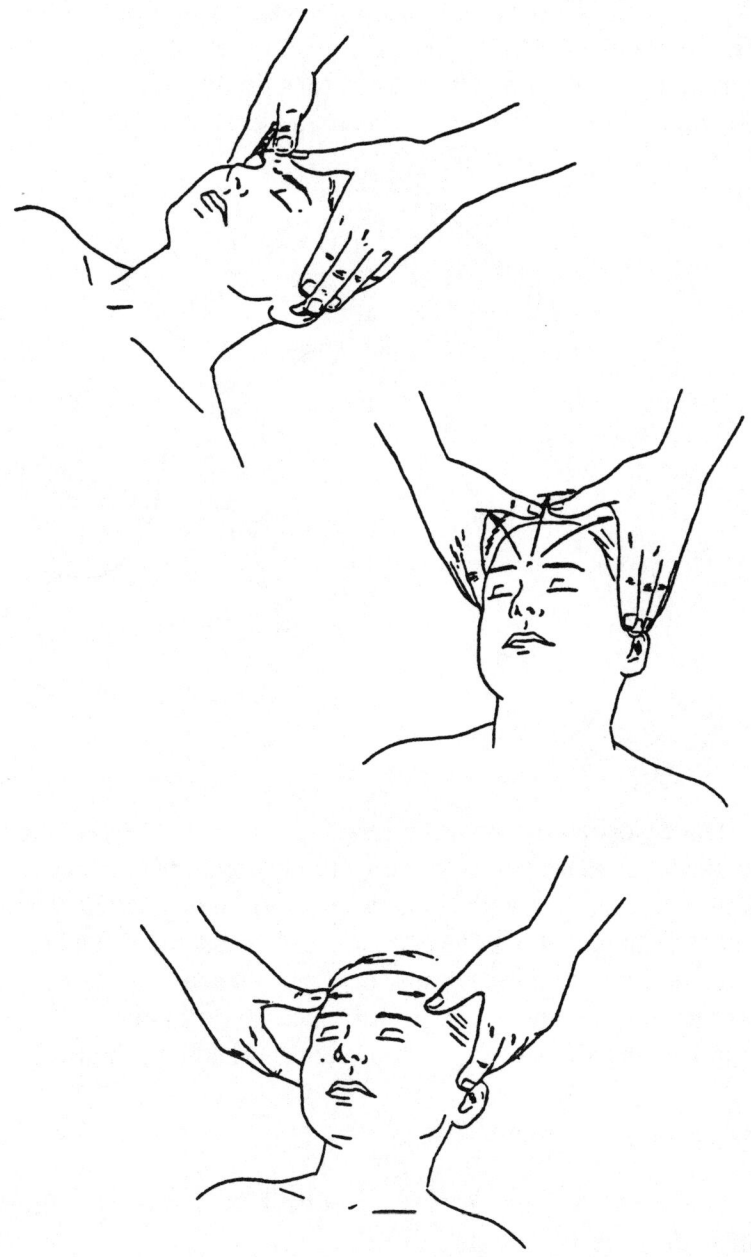

de chasser les Énergies déséquilibrantes à chaque fois. Attention à la position des doigts qui doivent rester groupés. Pendant le massage, il ne faut jamais relâcher le contact avec le devant de l'oreille, sauf lors du chassé final bien entendu.

16

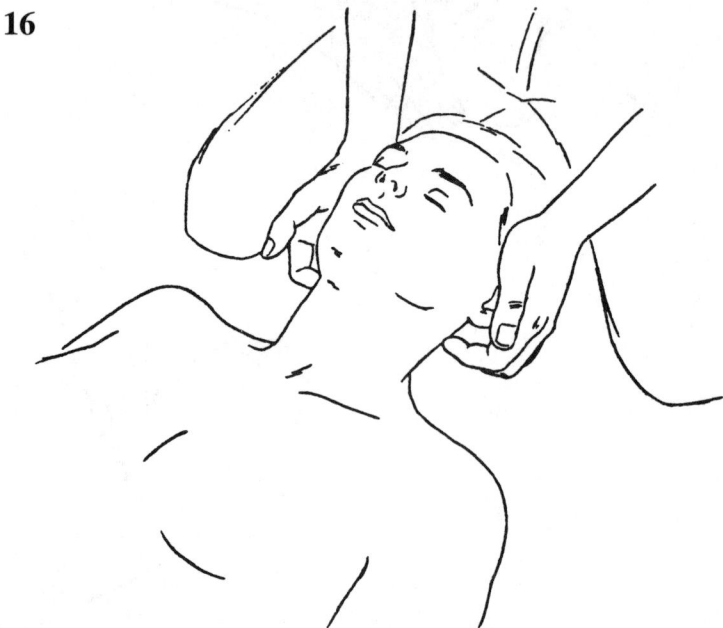

Placer les mains en forme de coupe au-dessus des oreilles et masser avec les doigts (majeur et index principalement) une ligne qui part du bas du lobe et la contourne en arrière pour venir jusqu'au sommet de chaque oreille, cette ligne étant distante de 2 cm du lobe. La masser 3 fois, en chassant les Énergies déséquilibrantes à chaque fois. Essayer de garder au maximum le contact de la main avec la tempe pendant ce massage.

17

Masser de même en suivant cette fois une ligne située juste derrière le lobe de l'oreille.

LES TECHNIQUES DE MASSAGE 109

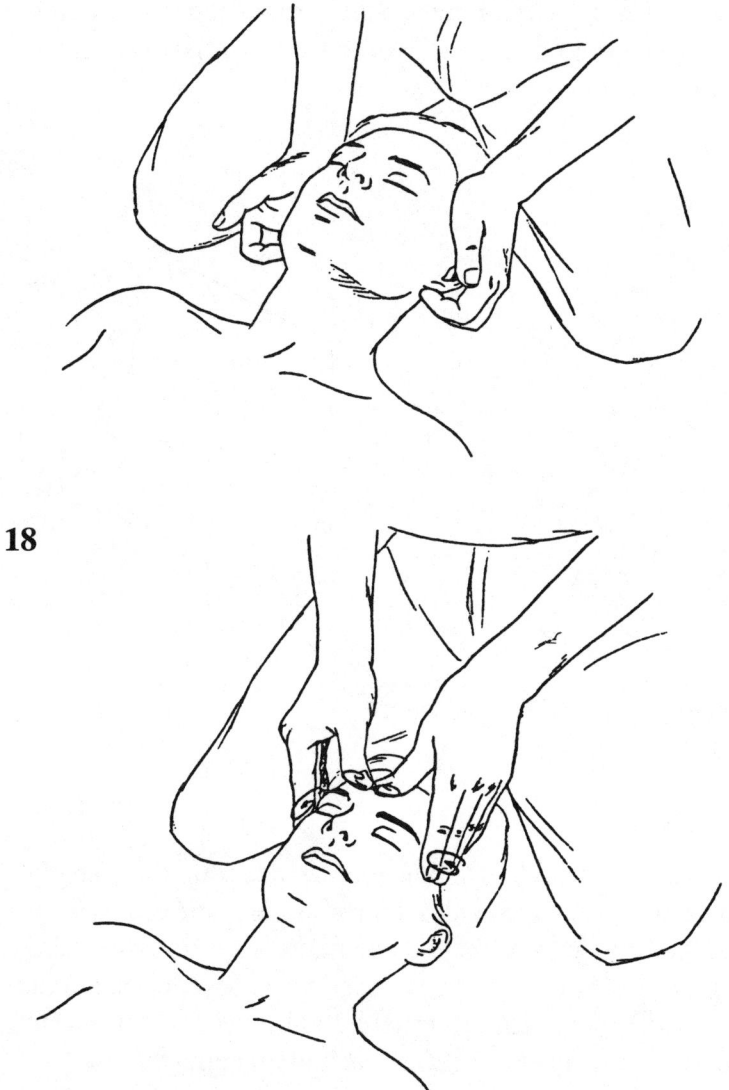

18

En gardant les pouces en appui sur le troisième œil, placer les index sur la pointe latérale de l'orbite oculaire et masser circulairement pendant 15 à 20 secondes. Le faire 3 fois et chasser à la fin et à chaque fois les Énergies déséquilibrantes. Il est important que les doigts restent groupés et que le massage circulaire se fasse autant sur le troisième œil que sur les côtés des yeux.

19

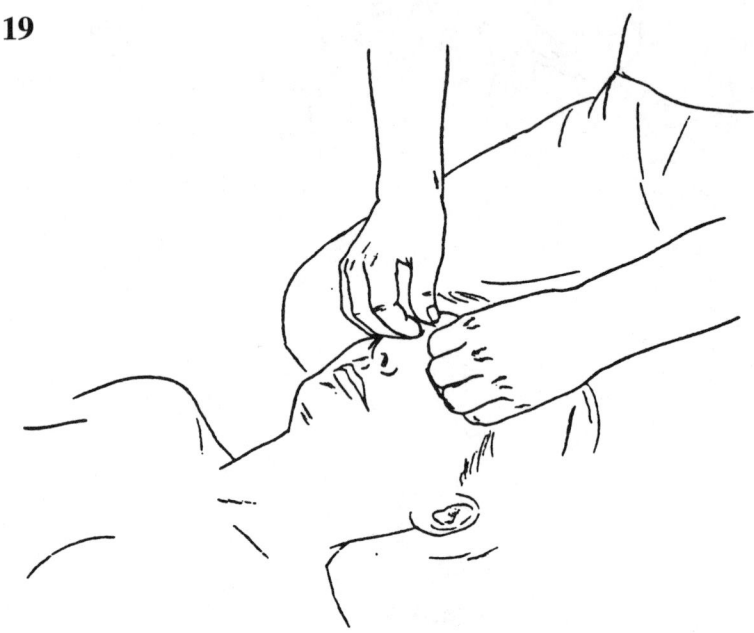

Masser ensuite 3 fois la ligne de l'arcade sourcilière en plaçant le pouce au-dessus des sourcils et les autres doigts au-dessous. Chasser à la fin et à chaque fois les Énergies déséquilibrantes. Attention que ce massage ne soit pas un simple pincement de l'arcade sourcilière. Les doigts doivent en effet englober l'arcade et le massage se fait en appui sur elle.

20

Masser ensuite de la même manière le globe oculaire en effectuant une pression modérée. Chasser à la fin et à chaque

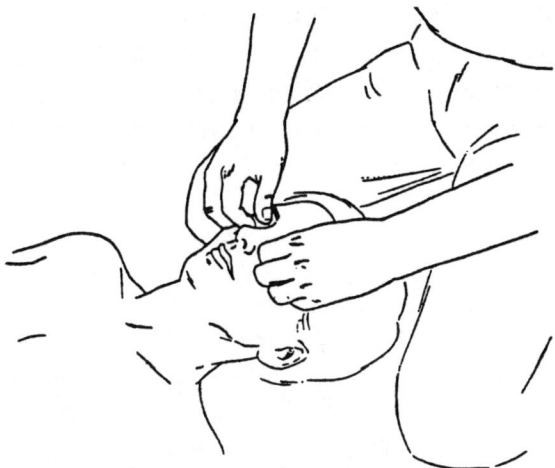

fois les Énergies déséquilibrantes. Ici aussi, il ne s'agit pas de pincer mais d'appuyer. Attention cependant à modérer cet appui. Vérifier que le partenaire n'a pas de lentilles de contact. Sinon les enlever ou ne pas appuyer sur l'œil.

21

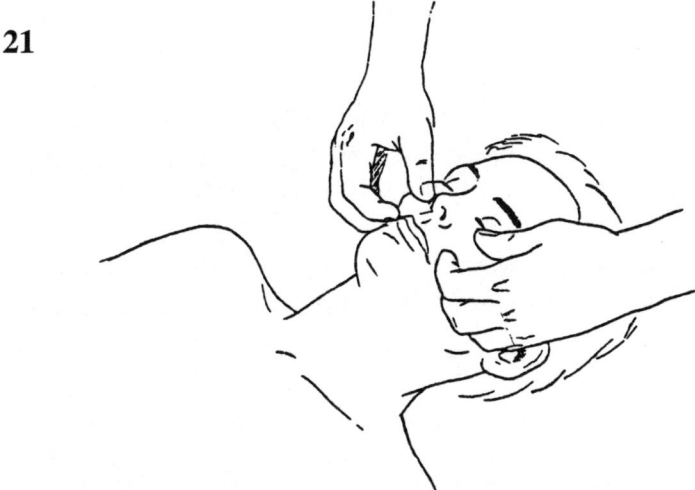

Procéder de même au niveau des pommettes, le pouce étant sur la partie supérieure de la pommette et les quatre autres doigts sur la partie inférieure. Masser 3 fois et chasser à la fin et à chaque fois les Énergies déséquilibrantes. Ici aussi, il ne s'agit pas de pincer mais d'appuyer. En plus de l'appui, étirer aussi les pommettes vers l'extérieur du visage puis en remontant vers les yeux.

22

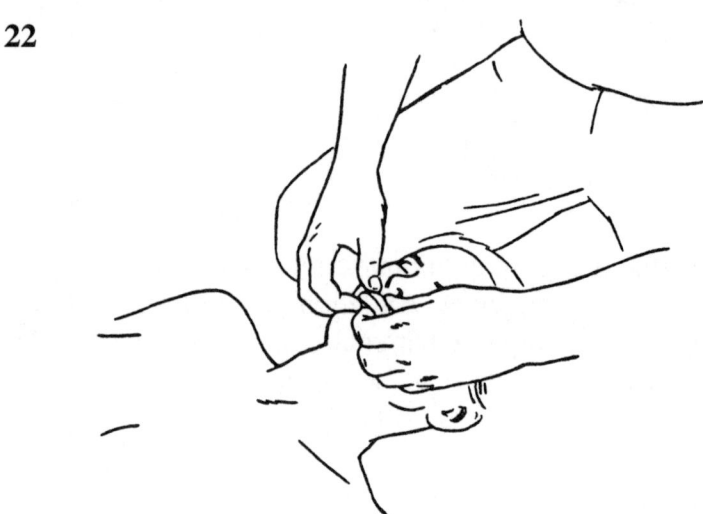

Continuer de même en massant autour de la bouche, en partant du milieu jusqu'à la pointe des lèvres. Masser 3 fois et chasser à la fin et à chaque fois les Énergies déséquilibrantes. Ici aussi, il ne s'agit pas de pincer mais d'appuyer. En plus de l'appui, étirer aussi les lèvres vers l'extérieur du visage puis en remontant vers les oreilles.

23

Masser enfin le maxillaire inférieur en plaçant les pouces sur le dessus et les autres doigts sous le menton. Partir du milieu et aller jusqu'à l'oreille. Masser 3 fois et chasser à

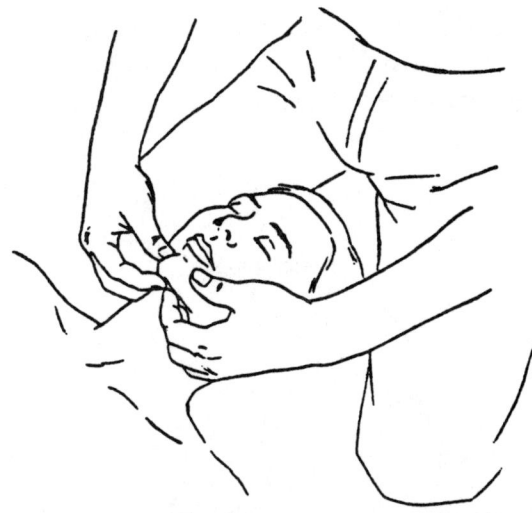

la fin et à chaque fois les Énergies déséquilibrantes. Même remarque que précédemment, ne pas pincer mais englober le maxillaire et appuyer.

24

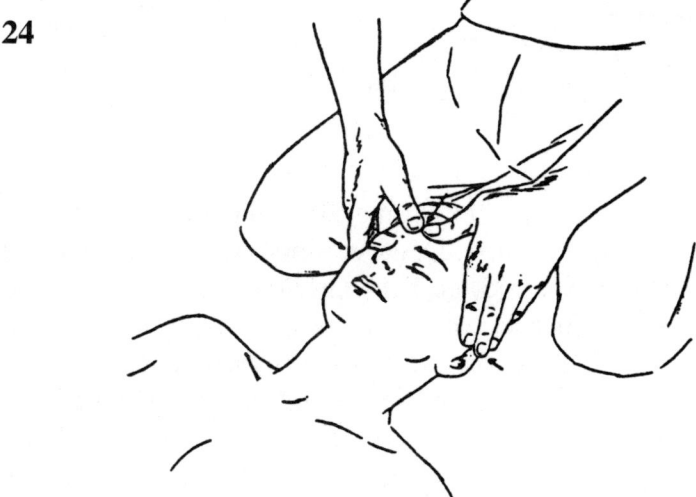

Revenir enfin en plaçant les pouces sur le troisième œil et les index vers l'oreille. Exercer une pression brève puis, sur le relâché, dégager les Énergies en les chassant latéralement. Procéder ainsi 3 fois. Attention à la position des doigts qui doivent rester groupés.

25

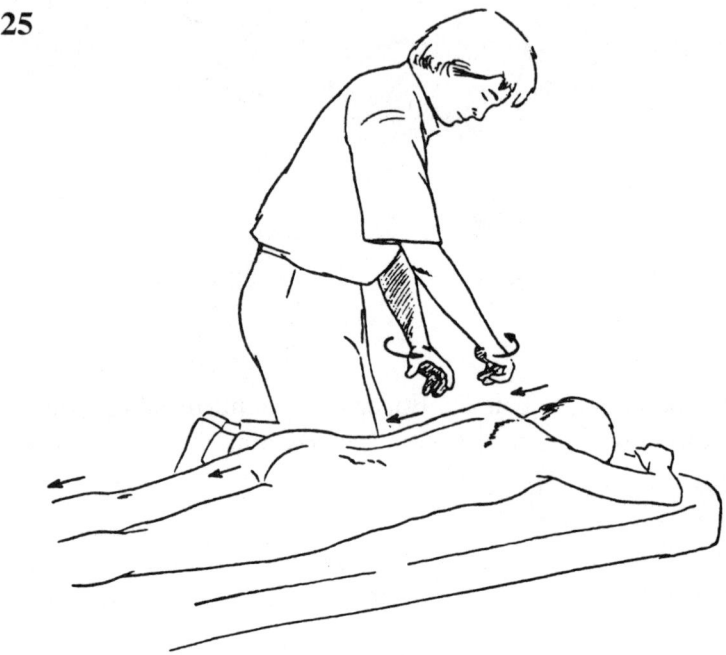

Attendre 2 minutes environ et faire allonger à nouveau le partenaire sur le ventre. Dégager alors, comme au début du massage, les Énergies en balayant doucement le dos et en chassant ces Énergies vers l'extérieur. Le balayage doit être léger, aérien, mais pas une caresse superficielle du corps ; c'est une approche de son environnement énergétique.

26
Cet exercice d'Harmonisation est celui qui termine chaque Pratique taoïste d'Harmonisation du dos. Assis sur les talons, avec le partenaire à votre droite, le dos droit et

LES TECHNIQUES DE MASSAGE 115

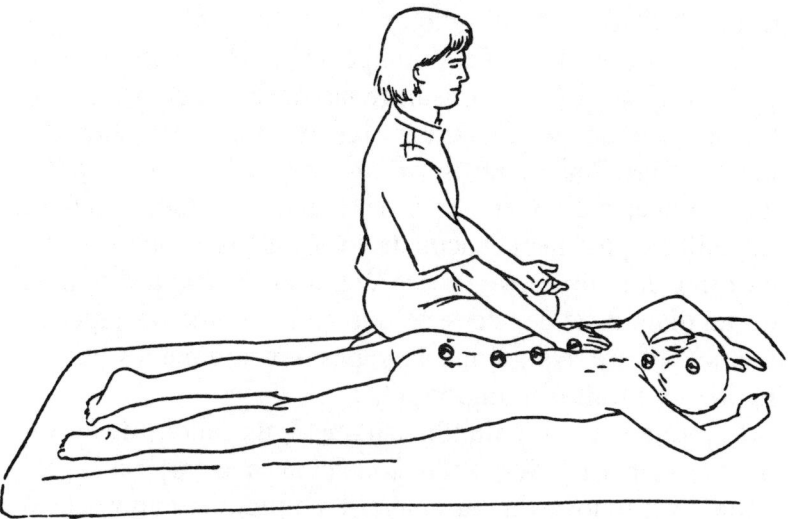

les yeux fermés, poser la main gauche, paume ouverte vers le ciel, sur votre genou gauche. Déposer alors délicatement, sans appui excessif, votre main droite sur la tête de votre partenaire. Attendre ainsi jusqu'à ressentir une sensation de chaleur dans la main. Laisser alors glisser la main droite jusqu'à la nuque. Attendre à nouveau que la sensation de chaleur arrive. Descendre ensuite au point suivant situé entre les omoplates puis successivement procéder de même au milieu du dos, au bas du dos et enfin sur le sacrum. Attention à votre attitude et à votre posture. Le dos doit être droit, les épaules ouvertes, les mains détendues et l'esprit vide. Laisser la chaleur venir d'elle-même, sans chercher à la provoquer.

Jusqu'à présent vous deviez rester neutres dans votre travail. Maintenant vous allez visualiser un superbe arc-en-ciel venant du ciel, entrer par votre main gauche et passer dans la tête (puis dans les autres points du dos) de votre partenaire par votre main droite. Cette Énergie est de la couleur d'un arc-en-ciel, c'est-à-dire qu'elle contient les sept couleurs suivantes : le rouge, l'orange, le jaune, le vert, le bleu, l'indigo et le violet (quel surprenant hasard que de retrouver les couleurs des Chakras). Mais je tiens à le répéter ici : pour chaque Chakra, utilisez l'arc-en-ciel dans sa globalité. Ne cherchez pas à vous servir des couleurs spécifiques pour travailler séparément chacun de vos Chakras. Cela nécessite en effet une approche, une préparation particulière ainsi qu'un diagnostic de nécessité que nous sommes rarement à même de faire. Ne jouons donc pas aux apprentis sorciers, le prix en serait trop important.

La première partie du Shiatsu que nous venons de terminer vous a permis de prendre contact avec le corps et la globalité énergétique du partenaire. Une première approche a été effectuée. Elle lui a redonné une sensation de bien-être et de détente et lui a permis de retrouver un certain équilibre énergétique. Il est bien pour celui qui a fait le Shiatsu de se passer les mains sous un robinet d'eau, ni chaude ni froide, pendant environ trente secondes, ce qui va permettre d'éliminer définitivement les Énergies déséquilibrantes qui ne l'ont pas été en les chassant.

Dans la seconde partie que nous allons aborder maintenant, nous allons continuer et affiner ce travail de détente du corps et de rééquilibrage des Énergies par l'étude des techniques d'ouverture. Elles vont nous permettre d'aller plus en profondeur et de façon plus spécifique que ce qui a pu être fait lors du Shiatsu général vu précédemment. Nous irons chercher sur chaque zone ou canal énergétique les tensions ou les blocages existants pour les dénouer et les supprimer. Chacun des degrés d'ouverture étudiés nous permet en effet d'aller sur ces zones ou canaux particuliers tout en les mettant dans la position la plus favorable à notre travail, améliorant ainsi son efficacité. Les mêmes préceptes de relâchement, de non-volonté et de respect du partenaire, développés dans la première partie, sont là aussi impératifs et seront renforcés par une recherche de maîtrise et d'une meilleure utilisation de la respiration.

Le partenaire doit être allongé sur le ventre, détendu et calme, les yeux fermés. Quels que soient les mouvements que le pratiquant va, à un moment ou à un autre, impliquer aux membres du partenaire, ce dernier ne doit participer ou aider à aucun geste mais bien au contraire se laisser aller complètement. De la même manière, le pratiquant doit absolument veiller à déplacer ces membres calmement, sans brutalité ni précipitation. Ces quelques préalables redéfinis, nous pouvons passer au déroulement de la technique pure.

27

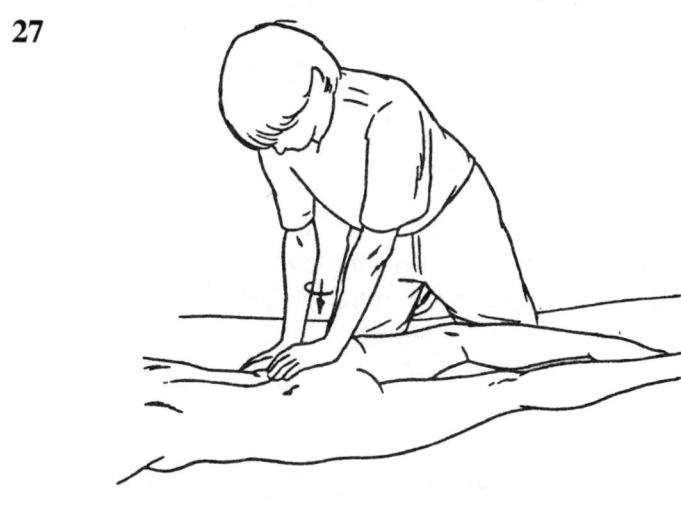

Le partenaire étant toujours allongé sur le ventre et le pratiquant étant sur sa droite, placer la plante du pied droit contre la cheville gauche (la jambe droite étant alors en légère ouverture) et masser progressivement la hanche et la crête iliaque du partenaire 5 ou 6 fois. Il est bon de faire un massage qui soit à la fois en appui et circulaire.

28

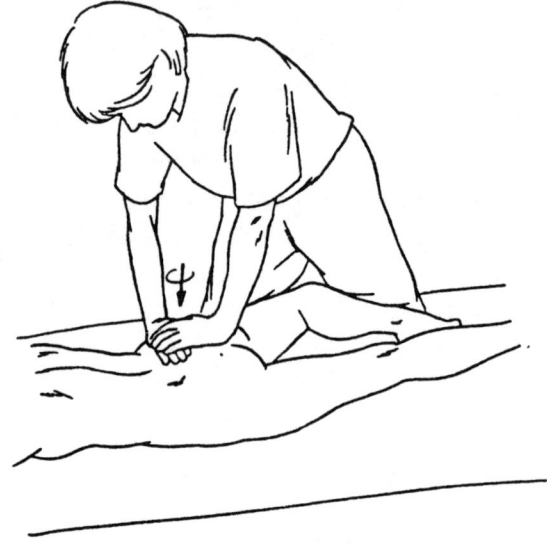

De la même manière, ouvrir un peu plus la jambe en plaçant la plante du pied droit contre le mollet gauche et procéder de même que précédemment en 27.

29

Augmenter l'ouverture en plaçant la plante du pied contre le genou gauche et masser de même. Se positionner avec un genou contre la cheville du partenaire afin de pouvoir la contrôler et éviter qu'elle bouge.

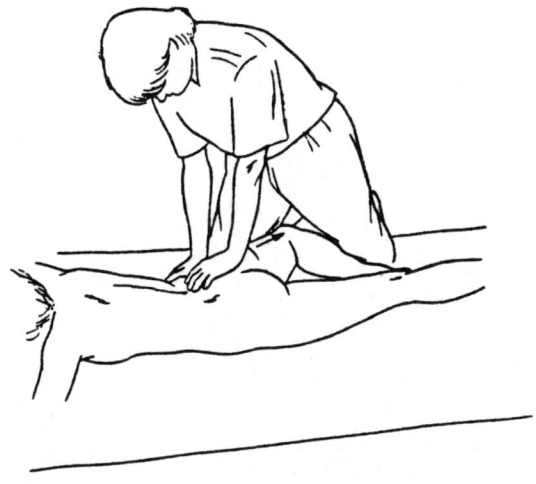

30

Continuer en plaçant la plante du pied contre la cuisse gauche. Masser comme précédemment mais en descendant jusqu'au genou. Le faire 3 fois et chasser à la fin et à chaque fois les Énergies déséquilibrantes.

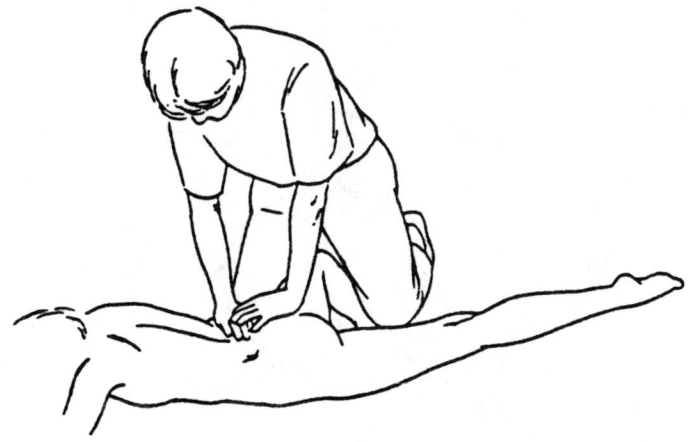

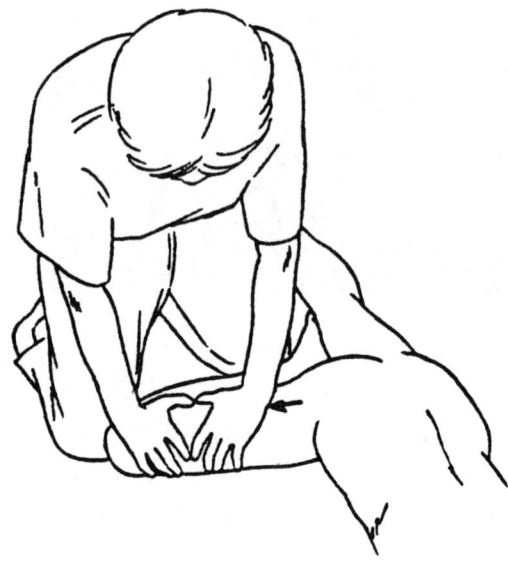

31

Décoller la plante du pied et amener la jambe droite en pliure maximale en poussant le genou droit le plus loin possible sous le bras droit. Masser alors comme précédemment

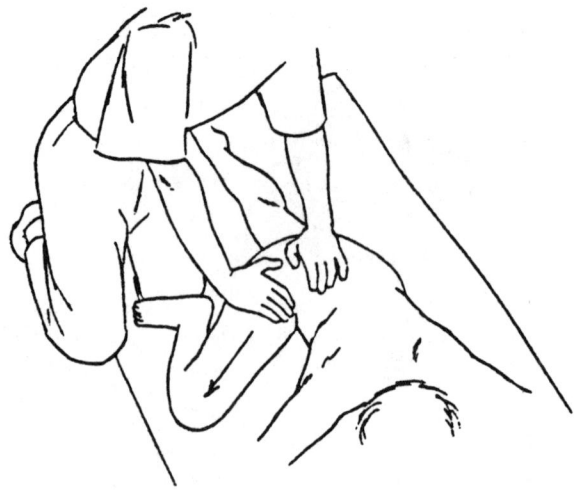

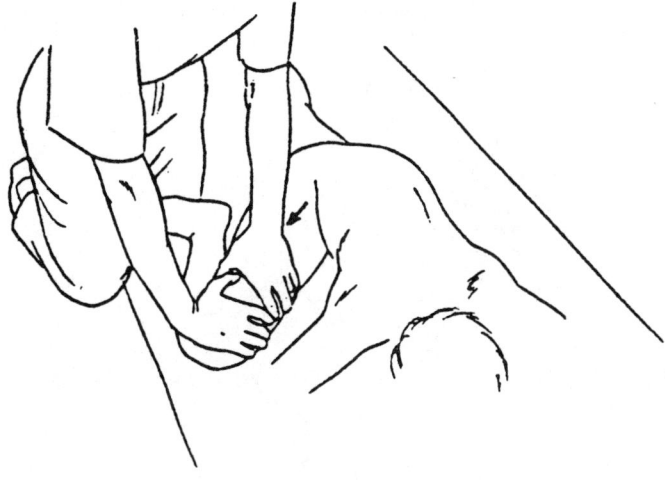

en descendant jusqu'au genou. Le faire 3 fois et chasser à la fin et à chaque fois les Énergies déséquilibrantes. Il est important de caler le pied du partenaire afin de pouvoir contrôler et garder la jambe en pliure maximale.

32

Déplier alors et tendre la jambe au maximum, en la descendant un peu, si cela est nécessaire, l'essentiel étant qu'elle soit tendue droite sur le côté. Masser comme précédemment la hanche puis la cuisse et descendre enfin jusqu'au bout du pied. Le faire 3 fois et chasser à la fin et à chaque fois les Énergies déséquilibrantes. Attention, pour tendre la jambe correctement, il faut d'abord la déplier progressivement puis dès que la tension apparaît, la faire descendre légèrement. Procéder ainsi jusqu'à ce que la jambe soit droite. En massant, modérer son appui sur le fémur et le genou car ce sont des zones sensibles.

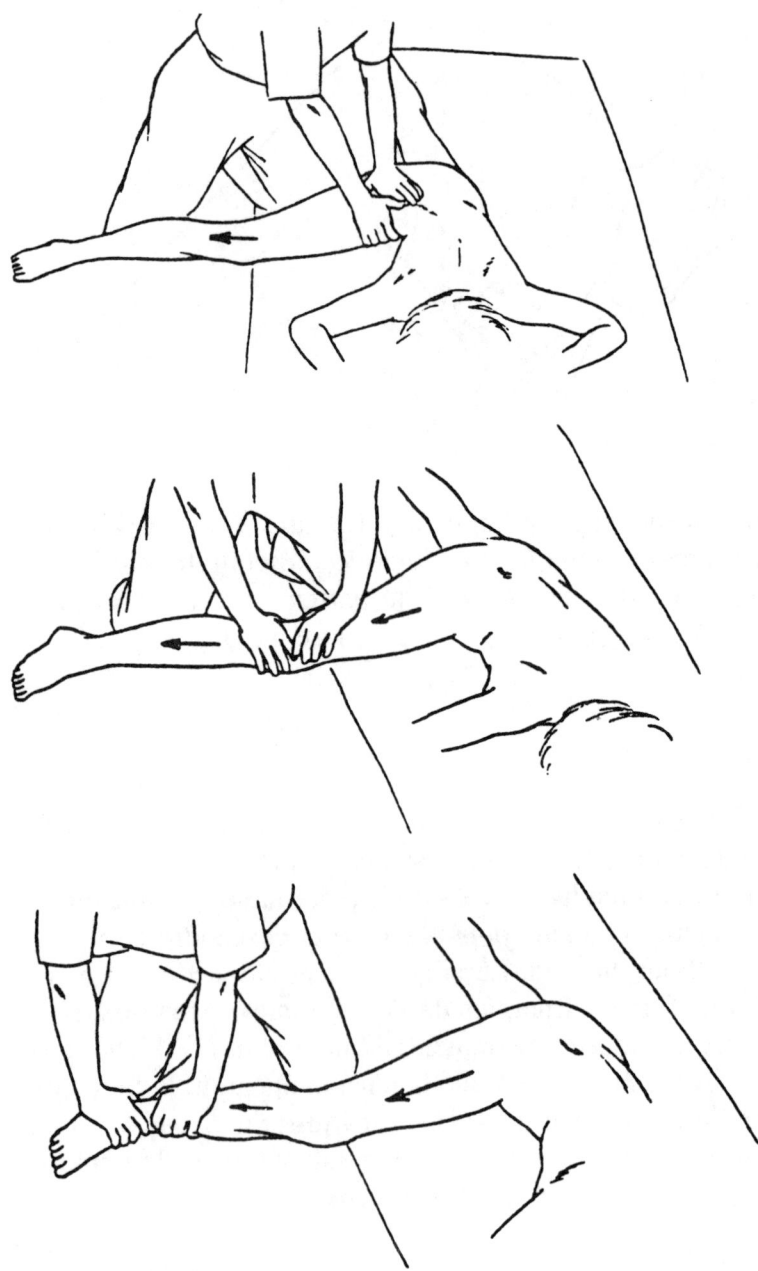

33

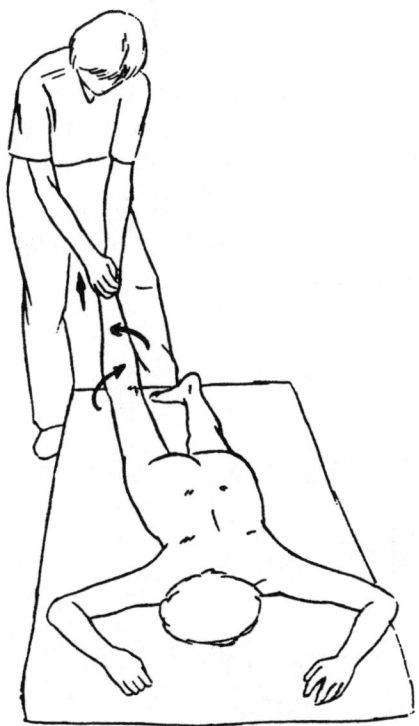

Ramener progressivement la jambe en lui impliquant un léger balancement et l'étirer légèrement à la fin. Attention à ne pas être brutal ou dur dans ce mouvement. Les bras doivent être absolument relâchés et les mains détendues.

34

Passer de l'autre côté du partenaire par les pieds et répéter la démarche complète de 27 jusqu'à 33. Revenir en passant par la tête, car, à l'inverse du premier travail Shiatsu, nous ne travaillons pas ici sur l'ensemble du corps, mais seulement sur sa moitié supérieure.

35

Le partenaire étant toujours sur le ventre, se placer au niveau de son épaule droite. Prendre son bras dans les mains et faire travailler progressivement cette épaule dans toutes les directions. Attention de respecter les tensions. Dès qu'elles apparaissent dans une direction, changer aussitôt afin de ne pas les forcer.

36

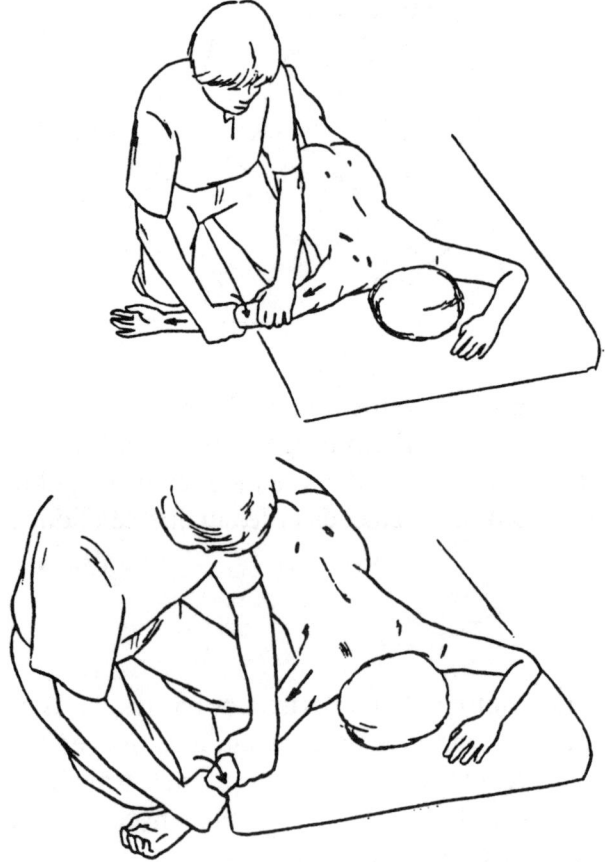

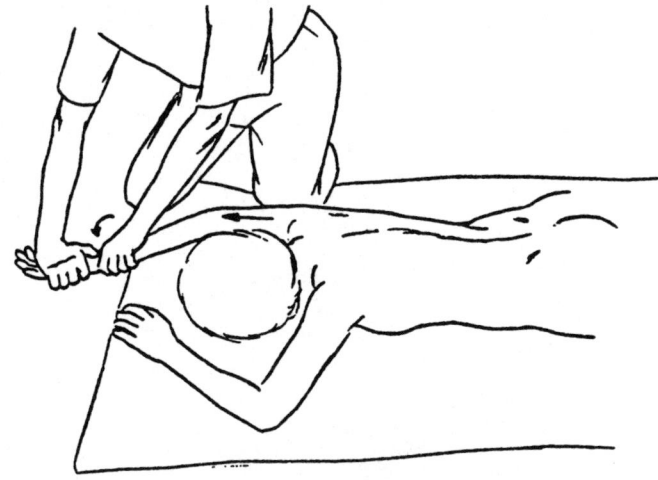

Poser alors ce bras dans la ligne des épaules, le masser en partant de l'épaule et en l'« essorant ». Faire ce massage 3 fois et selon chacune des 3 ouvertures : de la ligne des épaules, de la ligne intermédiaire et de la ligne du corps (où le bras est dans le prolongement du corps, le long de la tête). Chasser à la fin et à chaque fois les Énergies déséquilibrantes. Le geste de l'essorage est très important. Il faut donc faire attention de bien le respecter. Il est normal que pendant cette opération le bras tourne.

37

Se placer perpendiculairement au partenaire et rechercher avec les doigts la pointe de son omoplate droite. Dès que l'on peut la sentir, essayer alors de la décoller progressivement en faisant pénétrer les doigts de plus en plus profondément et procéder ainsi à un massage décontractant de l'épaule. Relâchez l'omoplate puis la masser circulairement sur le dessus, les mains étant croisées l'une sur l'autre, pour finir de détendre complètement. Attention, il ne faut pas

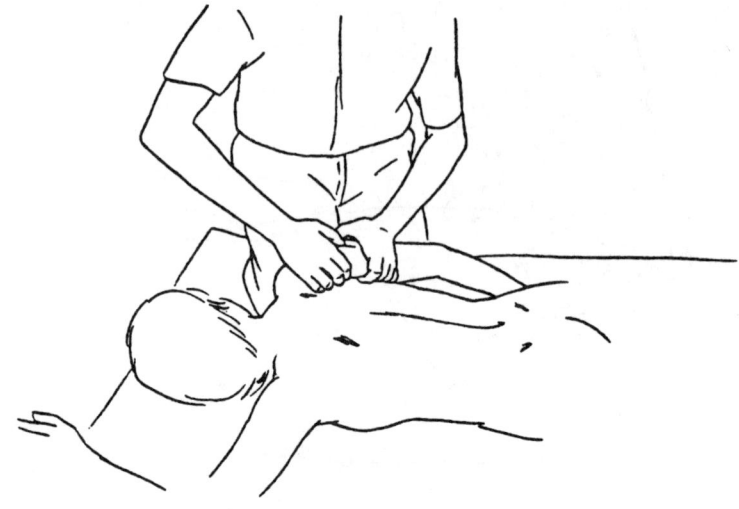

chercher à forcer car il s'agit là d'une zone importante de tensions. Si le partenaire est trop crispé, le respecter et ne pas essayer de décoller l'omoplate en force. Se contenter alors du massage extérieur.

38

Changer de côté en passant par les pieds du partenaire et recommencer pour le côté gauche la procédure de 35 à 37.

39

Faire allonger le partenaire sur le dos. Se placer alors vers ses pieds et lui ouvrir très légèrement les jambes tout en lui plaçant les plantes des pieds l'une contre l'autre. Tenir les pieds dans cette position en calant ses genoux de chaque côté. Placer alors une main sur chaque crête iliaque et des-

LES TECHNIQUES DE MASSAGE 127

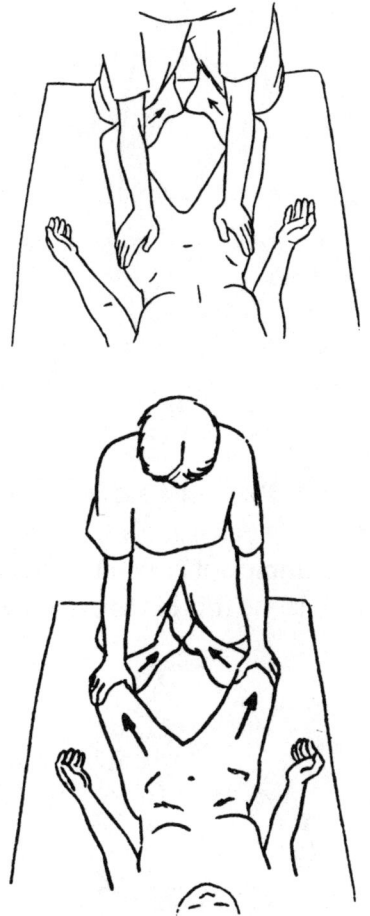

cendre progressivement le long des jambes en exerçant une pression mesurée car ce massage peut être douloureux s'il est trop intense. Masser ainsi 3 fois et chasser à la fin et à chaque fois les Énergies déséquilibrantes. Il est très important ici aussi de développer sa sensation de l'autre et de respecter ses tensions. Dès qu'elles apparaissent, « rebondir » aussitôt dessus et relâcher son appui. Celui-ci doit, en plus, être absolument progressif et respectueux.

40

Accentuer le degré d'ouverture des jambes en remontant de 20 cm environ les pieds que l'on gardera plante contre plante et procéder comme auparavant. Masser ainsi 3 fois et chasser à la fin et à chaque fois les Énergies déséquilibrantes.

41

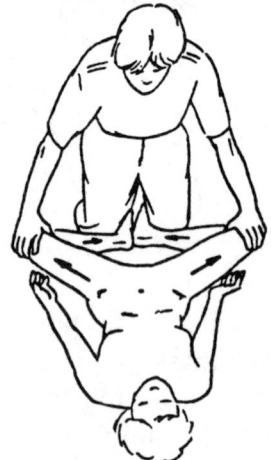

Augmenter encore le degré d'ouverture d'autant et procéder de même pour le massage. Masser ainsi 3 fois et chasser à la fin et à chaque fois les Énergies déséquilibrantes.

42

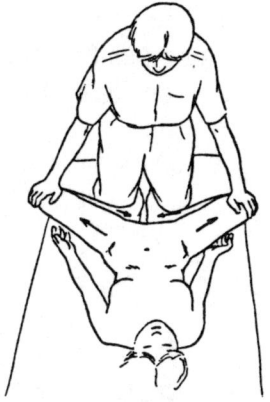

Pratiquer l'ouverture maximale en gardant toujours les plantes des pieds l'une contre l'autre et masser de même que précédemment. Masser ainsi 3 fois et chasser à la fin et à chaque fois les Énergies déséquilibrantes.

43

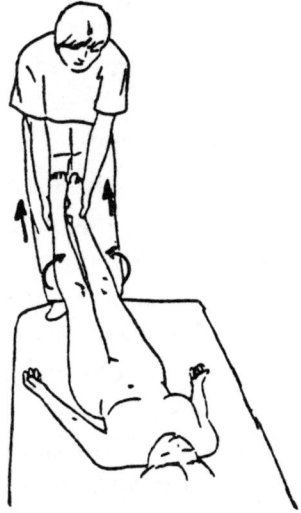

Ramener progressivement les deux genoux l'un vers l'autre, puis les deux jambes en les prenant par les chevilles et en leur appliquant un léger balancement. Les étirer légèrement à la fin. Le faire 3 fois puis reposer doucement les jambes. Faire attention à ne pas être brutal ou dur dans ce mouvement. Les bras doivent être absolument relâchés et les mains détendues.

44

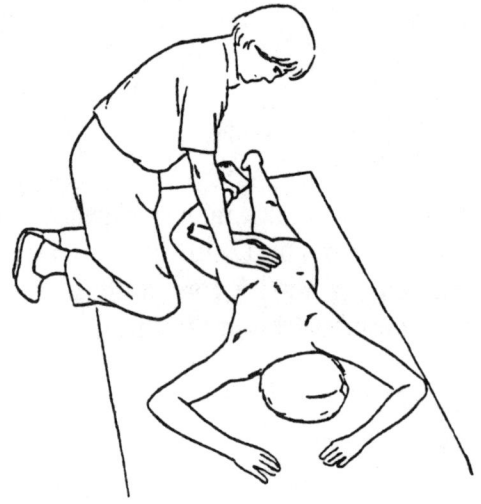

Il est bien, si nous en avons le temps, de compléter ce premier travail d'ouverture en massant chaque jambe suivant ses degrés d'ouverture des méridiens. Il faut alors se positionner perpendiculairement et à la droite du partenaire qui doit être allongé sur le ventre. Placer cette fois la main droite en permanence sur la hanche droite et masser la jambe droite avec l'autre main jusqu'au pied, 3 fois de suite et ce, sur chaque degré d'ouverture. Chasser à la fin et à chaque fois les Énergies déséquilibrantes. Le contact avec la hanche est important car elle représente un carrefour énergétique. Attention à modérer les appuis au niveau du genou.

45

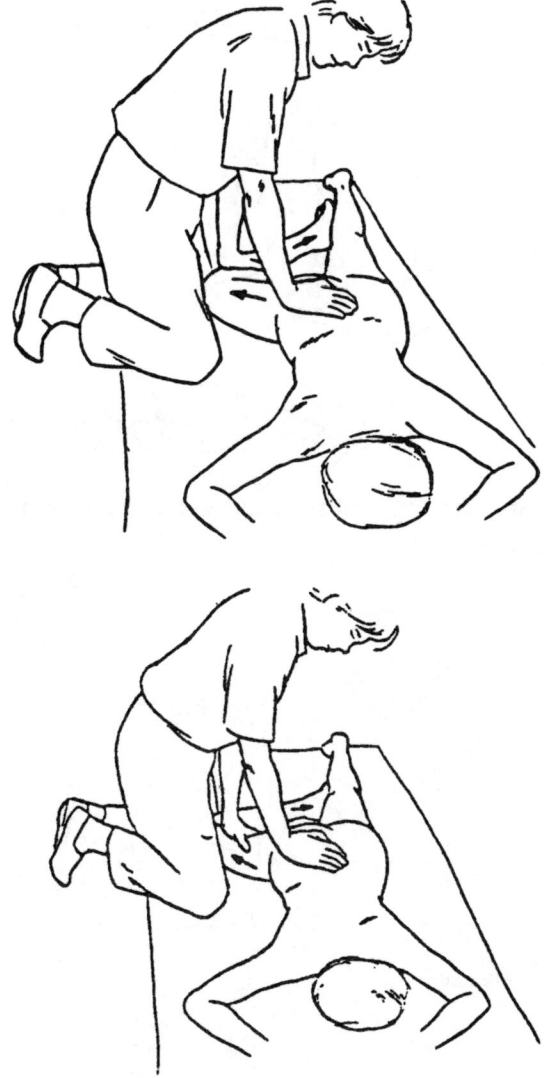

Masser la jambe jusqu'au pied 3 fois de suite et ce, sur chaque degré d'ouverture. Chasser à la fin et à chaque fois les Énergies déséquilibrantes. Changer de côté en passant par les pieds du partenaire (car nous travaillons sur la par-

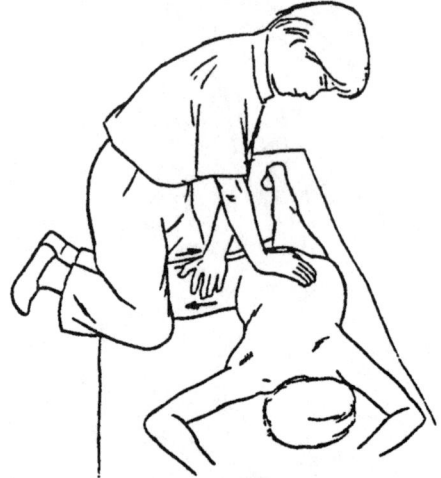

tie inférieure du corps) et recommencer la même procédure pour la jambe gauche.

46

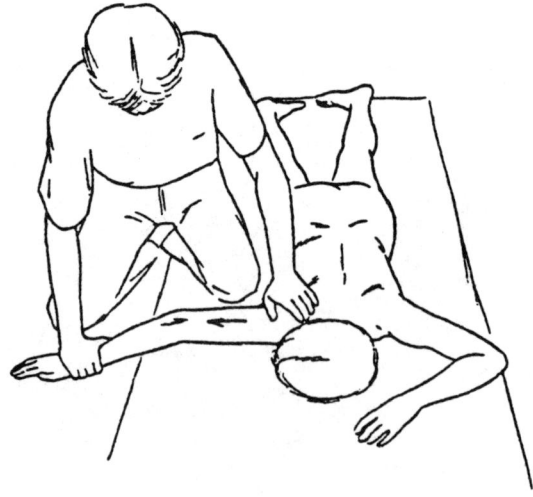

Comme pour les jambes, il est bien de compléter en massant individuellement chaque bras. Revenir sur le côté droit du partenaire en passant par sa tête. Il faut garder alors une main placée sur l'épaule et masser en étirant légèrement le

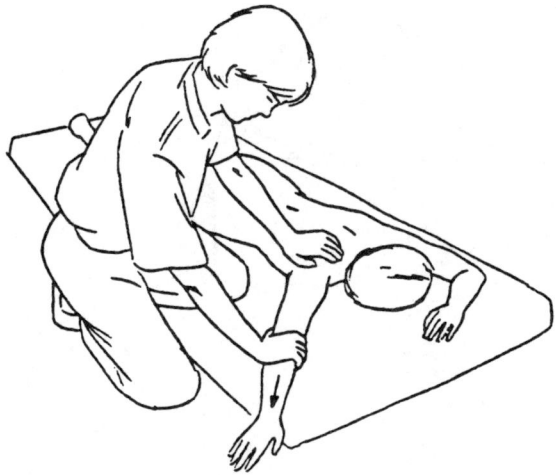

long du bras avec l'autre main 3 fois sur chaque degré d'ouverture. Chasser à la fin et à chaque fois les Énergies déséquilibrantes. Le contact avec l'épaule est aussi important car elle représente un autre carrefour énergétique. Attention à modérer les appuis au niveau de l'épaule.

47

Venir se placer sur le côté gauche du partenaire en passant par la tête et procéder de même que précédemment pour le bras gauche.

48

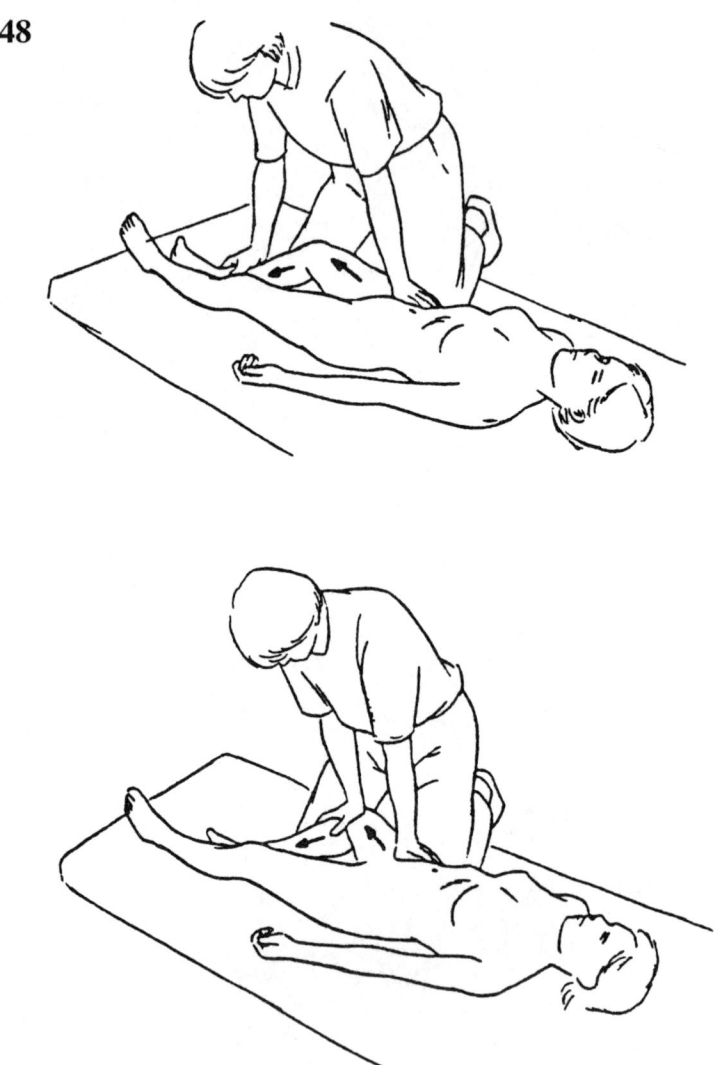

Le partenaire est replacé sur le dos. Revenir sur son côté droit en passant par sa tête et se positionner perpendiculairement. Placer alors une main sur sa crête iliaque droite et masser la jambe droite à partir de la hanche et en allant jusqu'au pied. Masser en étirant légèrement le long de la jambe avec l'autre main 3 fois sur chaque degré d'ouverture. Chasser à la fin et à chaque fois les Énergies déséquilibrantes. Le contact avec la hanche est ici très important et doit être gardé en permanence. Attention à modérer les appuis au niveau du genou.

49

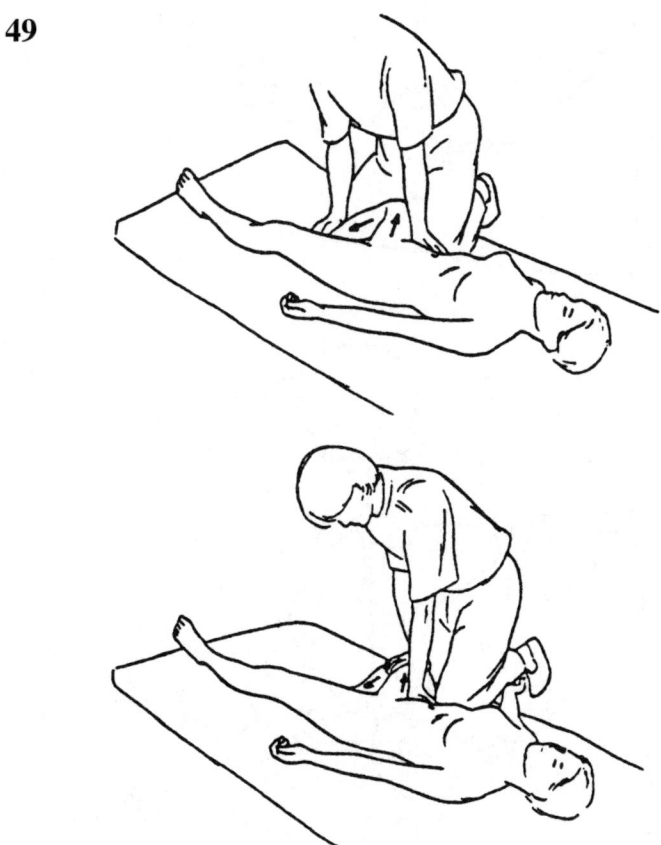

Venir se placer sur le côté gauche du partenaire en passant par ses pieds. Se positionner et procéder de même que précédemment pour la jambe gauche.

50

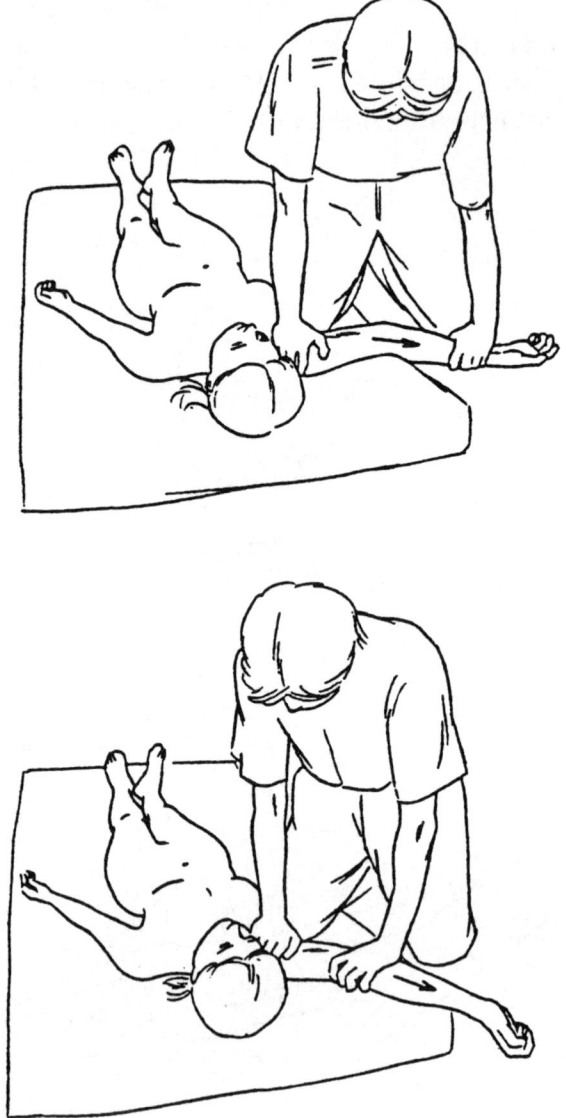

Le partenaire étant toujours sur le dos, il est bien d'effectuer le même massage pour chaque bras. Se replacer sur le côté droit du partenaire en passant par la tête et perpendiculairement à celui-ci. Masser en gardant une main posée sur l'épaule en étirant et en « saisissant » le bras droit avec l'autre main. Le faire 3 fois sur chaque degré d'ouverture et chasser à la fin et à chaque fois les Énergies déséquilibrantes. Le contact avec l'épaule est lui aussi toujours important car elle représente un autre carrefour énergétique. Attention à modérer les appuis au niveau de l'épaule.

51

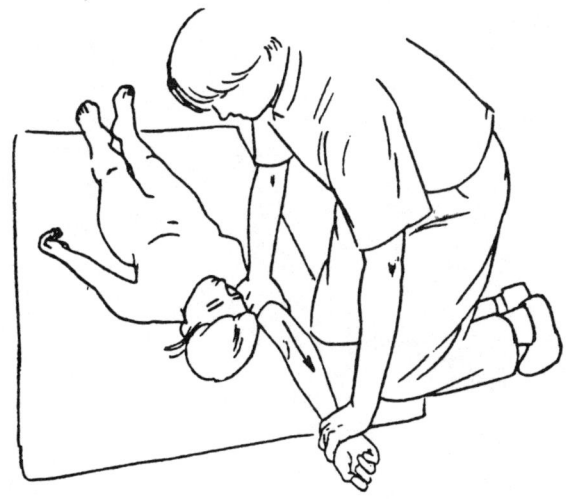

Venir enfin se placer sur le côté gauche du partenaire en passant par sa tête et procéder de même que précédemment pour le bras gauche.

Le Shiatsu général peut être considéré comme terminé. Pratiqué normalement, il aura duré, selon le rythme de chacun, entre une heure et demie et deux heures. Voilà déjà une belle détente énergétique pour le partenaire, mais aussi pour le pratiquant s'il sait se donner au massage.

Troisième partie

Explications théoriques techniques

Après la théorie générale nécessaire pour comprendre les bases sur lesquelles sont appuyées les techniques de la Pratique taoïste des Énergies et du Shiatsu, et après les éléments pratiques de massage énergétique, je vous propose maintenant un niveau explicatif plus poussé de tout ce qui a précédé ; il n'est pas du tout nécessaire de connaître ce qui suit pour réaliser une bonne pratique. En revanche, si vous voulez savoir et comprendre plus précisément pourquoi et comment cette Pratique fonctionne aussi efficacement et facilement, il est bien de consacrer quelques moments de lecture aux lignes qui suivent. Je vais en effet vous exposer quels sont les techniques et les éléments dont dispose et qu'utilise normalement un bon professionnel de la méthode.

Nous voici arrivés au stade de l'étude précise de la circulation des Énergies, des moyens de repérage de leurs déséquilibres et des principaux points d'intervention. Nous allons maintenant aborder un niveau de maîtrise de l'Énergie encore plus profond que les précédents. Je ne saurais qu'insister de nouveau sur le bon usage des connaissances que vous aurez acquises à travers ce livre. Lorsque je parle de bon usage, je ne me réfère aucunement à une quelconque morale judéo-chrétienne ou à un Bien et un Mal absolus. J'entends par là un usage sincère et juste d'un moyen puissant. Vous n'êtes pas des professionnels ni des thérapeutes pour lesquels il existe des séminaires spécifiques de formation à cette méthode. Des cycles de formation sont aussi ouverts à tous ceux, non professionnels, qui souhaitent apprendre pour eux-mêmes, pratiquer mieux et approfondir leur technique personnelle.

Je rappelle la nécessité de neutralité intérieure, d'absence d'intention ou de jugement. Ne cherchez pas à faire le bonheur des gens malgré eux, contentez-vous de leur apporter ce pour quoi vous leur faites une séance de Shiatsu et n'essayez pas de juger à leur place de ce qui est bon pour eux. Donnez-leur en revanche des indications si vous pensez que cela est nécessaire, mais n'imposez pas ou ne faites jamais rien à l'insu de quelqu'un. Effectuez un travail de rééquilibrage général. Si vous approfondissez la méthode et lorsque vous aurez suffisamment d'expérience, vous pourrez effectuer un travail plus spécifique en cas de nécessité et avec l'accord de votre partenaire. Ne cherchez pas à impressionner ou à faire plaisir, faites simplement et de façon juste ce qui vous est montré. Vous ne pourrez agir ainsi que si vous êtes honnête avec vous-même et dans votre recherche et si votre esprit est clair. La confusion ne doit pas régner et vous faire mélanger, dans cette pratique, le divin, le mystique, l'ego, le pouvoir, l'argent, l'influence, etc., car vous deviendriez quelqu'un de dangereux, pour vous-même et pour ceux qui vous auraient fait confiance.

Pour avoir une analyse claire de la situation, les professionnels vont se laisser porter par les techniques de repérage éprouvées depuis des siècles. Ils les suivent systématiquement, même et surtout s'ils croient déjà savoir et voir où se situe le problème. Elles leur permettent d'éviter les pièges des repérages subjectifs parce que trop rapides, superficiels et partiels. La partie visible de l'iceberg est en effet loin d'être la plus significative ou la plus représentative. Un bon repérage demande donc du temps, beaucoup de temps même, surtout la première fois où l'on rencontre quelqu'un.

Ces bases d'éthique étant posées de nouveau, nous allons pouvoir aborder l'étude finale des éléments de repérage et de circulation des Énergies de l'homme.

Les techniques de repérage

Un des moyens de repérage essentiels est celui de l'interrogation verbale du partenaire et de l'observation de sa typologie générale. C'est même pour moi le seul de tous ces moyens de repérage que l'on puisse, en cas d'obligation, utiliser seul.

Le repérage par la typologie

Lorsqu'une personne pénètre dans mon cabinet, je note, dans sa typologie physique, les éléments caractéristiques de correspondance avec la loi des Cinq Principes qui peuvent apparaître. Est-il long, maigre, droit, coloré, élégant (Bois) ou plutôt rougeaud avec le visage large, solide, sportif (Feu) ou encore replet, gros, à la peau souple et avec des poches sous les yeux (Eau), etc.? Je vous laisse vous référer aux éléments qui vous ont déjà été donnés à ce sujet dans les pages précédentes. Le bon professionnel note toutes ces caractéristiques, surtout si elles sont manifestes. Plus elles sont typées chez la personne, plus elles sont significatives de sa typologie et plus il lui faudra en tenir compte avec les autres éléments de repérage. Naturellement, cette observation ne se fait pas avec une loupe et le nez collé sur le visage du partenaire. Un regard global (et qui ne doit surtout pas être inquisiteur) suffit, car seuls les traits marquants sont réellement significatifs.

Le deuxième aspect à observer chez la personne est sa posture. En effet, selon la façon qu'elle a de se tenir et de tenir sa structure dorsale, nous allons pouvoir noter certaines tendances. La tête portée très en avant va signifier une fragilité au niveau du Chakra de la gorge. Cette attitude associée à une projection des épaules en avant et à un sternum rentré signifient une fragilité certaine du Principe du Métal et donc par conséquent de protection face au monde extérieur. À l'inverse, un buste bombé et une nuque trop raide vont signifier un excès de confiance en soi ou un besoin de démontrer ou de se montrer. Il suffit de noter chez cette personne le niveau postural qui ne semble pas naturel chez elle et de se référer à la zone chakrale correspondante pour déterminer la tendance ainsi manifestée. Si cette zone est rentrée d'une façon excessive pour la face du corps ou bien au contraire sortie de façon excessive pour le dos, cela signifie une fermeture de la zone chakrale concernée et sa fragilité. L'incidence énergétique de cette fragilité pourra être décodée avec les éléments psychophysiologiques que nous avons déjà abordés dans la première partie de ce livre.

En revanche, si cette même zone est sortie au niveau de la face du corps ou rentrée au niveau du dos, cela signifie un excès de la zone chakrale. Il faut alors, comme précédemment, chercher les correspondances pour pouvoir décoder les significations et les incidences de cette posture.

LES TECHNIQUES DE REPÉRAGE 143

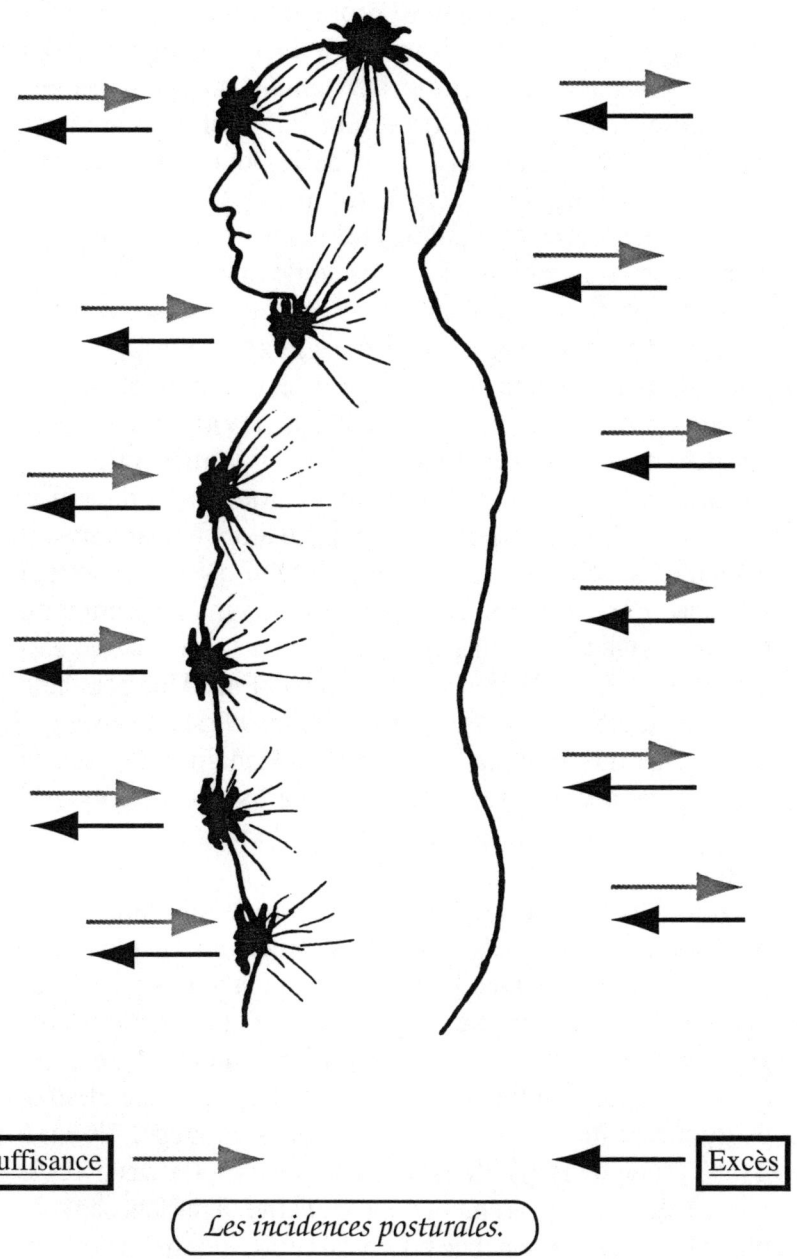

Les incidences posturales.

Le dernier domaine que le professionnel observe enfin chez la personne est son visage sur lequel les Cinq Principes sont représentés. Le front et l'ensemble du visage représentent le Feu, la pommette droite le Métal, la pommette gauche le Bois, le nez et le tour de la bouche la Terre et, enfin, la mâchoire inférieure le Rein.

Chacune de ces zones doit être associée avec le couple de méridien qui correspond au Principe représenté par cette zone. De plus, chaque Principe est lui-même associé à une couleur. Trouver cette couleur dans la zone qui lui correspond est simplement le signe d'un excès plus ou moins grand et peut-être momentané mais qui, *a priori*, ne présente pas de caractère de gravité (sauf si c'est permanent).

En revanche, trouver une couleur dominante dans une zone qui ne lui correspond pas signifie alors une attaque du Principe associé à cette couleur sur celui qui correspond à la zone. Par exemple, une personne ayant la pommette gauche rouge a donc une attaque du Feu sur le Bois, c'est-à-dire un excès de Yang sur l'Énergie du Foie. Une personne qui présente un visage gris, terne, est une personne chez qui le Principe de l'Eau attaque les autres Principes. Il s'agit là d'un cas de fatigue profonde où la fragilisation des organes risque de produire un état de maladie du plus faible d'entre eux.

Nous voyons comment toutes les possibilités peuvent se présenter. Le pratiquant constate simplement les plus marquées et « jongle » avec la loi des Cinq Principes pour trouver leur signification. Sur le plan général, une couleur vive signifie une attaque superficielle d'origine exogène alors qu'une couleur plutôt sombre est révélatrice d'une attaque profonde et le plus souvent d'origine endogène. Comme dans l'étude de la typologie et de la posture, les cas d'école n'existent que très rarement dans la réalité où les choses sont plus nuancées et panachées. Le vrai professionnel ne retient donc que des caractéristiques certaines parce que marquées. Après cet examen que l'on doit pouvoir faire de façon réflexe dans la minute qui suit l'arrivée de la personne, il est possible de passer à son interrogation.

Le repérage par l'interrogation

Elle doit se faire absolument avec intelligence et sensibilité, sinon la personne risque de se fermer et de ne plus donner les réponses qui aident à repérer ses éventuels déséquilibres. On procède avec le même doigté que lorsqu'on masse un dos ou plus encore un ventre. En pénétrant en douceur, progressivement, sans violer, on pourra aller en profondeur. Si l'on pénètre fortement, les protections se mettront aussitôt en place, ne nous laissant plus qu'une apparence à analyser.

Comme l'indique le Dr A. Chamfrault dans son *Traité de médecine chinoise*, le So Ouenn précise, dans son chapitre 77, d'une façon simple, la nécessité et l'intérêt d'une interrogation complète du patient. « Avant de passer à l'examen du patient, il faut d'abord savoir s'il est riche ou s'il est pauvre. En effet, s'il est riche, la plupart des affections qu'il présentera seront des maladies organiques. Au contraire, s'il est pauvre, il s'agira le plus souvent d'affections dues au manque de nourriture. L'Énergie Défensive est déficiente chez ces malades. Il faut d'autre part demander au malade quel est son genre de vie : s'il est sobre ou gourmand, s'il a eu des chocs émotionnels violents, de fortes angoisses ou de grandes joies car celles-ci peuvent également amener un trouble de l'Énergie. Une grande colère peut troubler l'Énergie Yin, une joie subite, l'Énergie Yang. »

Ce texte peut nous sembler un peu désuet mais il est pourtant très juste. Lorsqu'on est amené à rencontrer une personne, elle est porteuse d'une histoire qui a fait d'elle ce qu'elle est au moment où cette rencontre a lieu. Il est donc essentiel de pouvoir connaître son histoire pour pouvoir déterminer les responsabilités dans ses éventuels déséquilibres. Il n'est pas question de faire un interrogatoire de police ni de juger quoi que ce soit, mais il est nécessaire de cerner tout l'environnement social, économique, professionnel, culturel et familial ainsi que le bagage affectif, psychologique, médical et typologique qui est le sien.

–> Quel âge a-t-elle ?
–> Quelle profession exerce-t-elle et depuis combien de temps ?
–> Quelle est sa culture (africaine, anglaise, chinoise, musulmane, etc.) ?
–> Quel est son habitat et depuis combien de temps ?
–> Quelle est sa situation affective (mariée, célibataire, séparée, veuve, etc.) et depuis combien de temps ?
–> Quelle est son alimentation (viande, régime particulier, excès éventuels, etc.) ?
–> Quelle est la qualité de son sommeil, de son appétit, de sa digestion, de son élimination (selles, urines, transpiration, rêves) ?
–> Quels sont ses centres d'intérêt ?
–> Quel est son passé médical ?
–> Quels sont ses éventuels traumatismes psycho-affectifs ?...

Il est bon pour le professionnel de savoir cerner tout cet environnement avec beaucoup de doigté et de respect. Il est aussi nécessaire d'instaurer un climat de réelle confiance qui ne devra jamais être trahi.

On continue ensuite l'interrogation en utilisant la loi des Cinq Principes et en se référant à ses différents éléments ainsi qu'à ceux associés aux Psychés organiques.

–> Quelle couleur plaît ou ne plaît pas ?
–> Quelle saveur plaît ou ne plaît pas ?
–> Quel moment de la journée est favorable ou défavorable (amélioration ou aggravation) ?
–> Quelle saison convient ou ne convient pas ?
–> Quelle est la qualité de la voix ?

On doit enfin se référer aux « marées énergétiques » pour déterminer les moments forts ou faibles dans la journée et repérer ainsi les Énergies déficientes ou en excès. Je vous redonne ci-après ces marées énergétiques dans un tableau facilitant leur lecture.

Lorsque les déséquilibres énergétiques réapparaissent systématiquement lors d'une saison donnée, il s'agit de déséquilibres chroniques touchant au Principe concerné (Foie pour les allergies printanières, par exemple). Lorsque l'aggravation apparaît à la fin de chaque saison, en revanche, c'est la Rate qui est concernée, etc.

–> Quel repas convient ou ne convient pas ?
–> Quelle caractéristique psychologique, passionnelle, vertueuse semble dominer ?
–> Quelle tendance mentale domine (Psyché-organique) ?

Organe	Saison de force	Heure solaire de force
Vésicule biliaire	Printemps	De 23 heures à 1 heure
Foie	Printemps	De 1 heure à 3 heures
Poumon	Automne	De 3 heures à 5 heures
Gros intestin	Automne	De 5 heures à 7 heures
Estomac	Fin de saison	De 7 heures à 9 heures
Rate-Pancréas	Fin de saison	De 9 heures à 11 heures
Cœur	Été	De 11 heures à 13 heures
Intestin Grêle	Été	De 13 heures à 15 heures
Vessie	Hiver	De 15 heures à 17 heures
Rein	Hiver	De 17 heures à 19 heures
Maître Cœur	Été	De 19 heures à 21 heures
Triple Foyer	Été	De 21 heures à 23 heures

Organe	Saison de fragilité	Heure solaire de fragilité
Vésicule biliaire	Automne	De 3 heures à 5 heures
Foie	Automne	De 5 heures à 7 heures
Poumon	Été	De 11 heures à 13 heures
Gros intestin	Été	De 13 heures à 15 heures
Estomac	Printemps	De 23 heures à 1 heure
Rate-Pancréas	Printemps	De 1 heure à 3 heures
Cœur	Hiver	De 15 heures à 17 heures
Intestin Grêle	Hiver	De 17 heures à 19 heures
Vessie	Fin de saison	De 7 heures à 9 heures
Rein	Fin de saison	De 9 heures à 11 heures
Maître Cœur	Hiver	De 15 heures à 17 heures
Triple Foyer	Hiver	De 17 heures à 19 heures

Les marées énergétiques

- Obsessions vers le passé = Rate, car Terre et I = passé.
- Obsessions vers le futur = Poumon, car Métal et Prô = futur.
- Manque de volonté = Rein, car Eau et Tché = volonté.
- Manque de courage, indécision = Vésicule.
- Colère facile = Foie, car Bois et Roun = tonicité, imagination et colère.

Nous pouvons maintenant passer à l'interrogatoire sur la symptomatologie pure (qui a d'ailleurs déjà pu être évoquée au fur et à mesure). Je précise à nouveau que la référence à des symptômes ou à des affections physiologiques n'a pas pour but d'établir un diagnostic médical, mais de nous aider, en tant que témoins, à repérer les éventuels déséquilibres énergétiques.

Le fait d'avoir déjà cerné la personne, grâce à des éléments dont elle ne maîtrise pas la signification, va permettre de poser les questions justes au sujet de cette symptomatologie. Il est en effet fréquent de se voir donner une version officielle satisfaisante pour la personne, mais qui ne correspond pas toujours à la réalité. L'image que le professionnel a pu construire grâce à l'interrogation générale va permettre de ne pas être trompé par cette fameuse version officielle. C'est aussi pour cette raison qu'il est nettement préférable d'effectuer la prise des pouls énergétiques chinois (que nous allons aborder plus loin page 155) après le travail général du dos. Celui-ci aura en effet permis d'éliminer les petits déséquilibres de surface ou bien ceux que le partenaire veut laisser voir. Il ne reste plus alors que les déséquilibres profonds qui sont alors plus faciles à déceler.

Il est bon de noter de façon précise tout ce que la personne ressent, depuis quand et comment elle le ressent. Tous les éléments de symptomatique doivent alors être immédiatement (instinctivement) reliés à la loi des Cinq Principes et aux relations organiques qu'elle précise. On ne rejette aucun symptôme, même et surtout lorsqu'on ne voit pas à quoi il est relié. Cela signifie alors que la cause est profonde, lointaine et qu'il faut essayer de la décoder avec patience. Il n'y a jamais de symptomatologie hasardeuse ; elle est toujours la manifestation d'un niveau de déséquilibre. Une symptomatologie qui ne correspond apparemment pas à celles qui ont déjà été trouvées est significative soit d'une source plus profonde, soit d'une origine toute récente qui vient d'apparaître (conséquence des autres déséquilibres antérieurs non réglés).

Vous pouvez donc constater de nouveau, avec l'interrogation, à quel point le professionnel doit être distancié, avoir du recul par rapport à ce niveau de repérage pour pouvoir l'interpréter avec justesse.

L'observation des zones de la langue et de l'œil

L'observation de la langue et de l'œil appartient au domaine de l'examen des manifestations physiologiques tout comme celle de la posture, du visage, de la typologie ou de la symptomatologie. Elle ne peut cependant pas être faite sans que la personne s'en aperçoive. C'est pour cette raison qu'elle s'effectue normalement après son interrogatoire. Elle risquerait sinon d'être choquée par un tel examen pratiqué dès son arrivée. Rappelons quand même que la Pratique taoïste des Énergies et du Shiatsu n'est pas une technique médicale mais une approche cherchant à rétablir des équilibres énergétiques perturbés. Il n'est donc pas question de mettre le partenaire dans une situation de malade en faisant sur lui un diagnostic de type médical classique où l'on va directement au symptôme.

Comme pour le visage, nous retrouvons sur la langue et dans les yeux différentes zones correspondant aux organes.

L'observation de la langue

La langue, dans sa globalité, correspond à l'Estomac et dans ses détails aux zones dessinées ci-après. On peut d'ailleurs constater, ici aussi (voir schéma page 152), que l'on retrouve les Trois Foyers comme première localisation générale, à l'intérieur de laquelle les régions correspondant aux organes sont positionnées.

On observe d'abord la langue dans sa coloration générale. Si elle est rose ou rouge plutôt clair et coloré, les déséquilibres ne sont pas profonds. Si, en revanche, elle est plutôt terne et foncée, c'est alors un signe de profondeur du déséquilibre.

On peut ensuite observer l'enduit de cette langue. Comme

je vous l'indique précédemment, la langue entière représente l'Estomac. L'enduit qui recouvre la langue va alors traduire tous les déséquilibres concernant ces organes. Or celui-ci est en étroite relation avec tous les autres organes. S'il est plutôt blanc, cela aura tendance à signifier une affection externe et superficielle alors que s'il est jaune, cela sera plutôt révélateur d'une affection interne et profonde. La localisation de cet enduit ou bien une couleur anormale nous diront quel est l'organe concerné par le déséquilibre.

L'observation de l'œil

L'œil présente lui aussi des zones en relation avec tous les viscères comme vous pouvez le constater sur le schéma ci-après (page 152).

L'éclat de l'œil donne l'état et la force du Chenn. Si l'œil est terne, voire éteint, le Chenn est faible, l'Énergie générale est fragilisée. Il est bon de tonifier, mais avec beaucoup de précaution. Un Shiatsu au rythme normal est plutôt à conseiller. Si, en revanche, la brillance est trop grande, le Chenn est en excès de Yang, de Feu. Il est cependant préférable de ne pas disperser. Un travail général sera plus efficace car il a de grandes chances de permettre à la balance Yin/Yang de se rééquilibrer.

Les localisations indiquées sur le schéma permettent d'apprécier l'état des viscères. Les Reins avec la pupille, le Foie avec l'iris et la rétine, le Cœur avec les capillaires et les extrémités droite et gauche de l'œil, les Poumons avec le blanc de l'œil. Il est assez aisé de comprendre que des capillaires trop nombreux ou un œil rouge vont signifier un excès du Cœur et sans doute (loi d'Inhibition) une fragilité du Poumon. Une vue défaillante va signifier une fragilité du Foie, une pupille dilatée et qui se referme mal, une fragilité du Rein, etc.

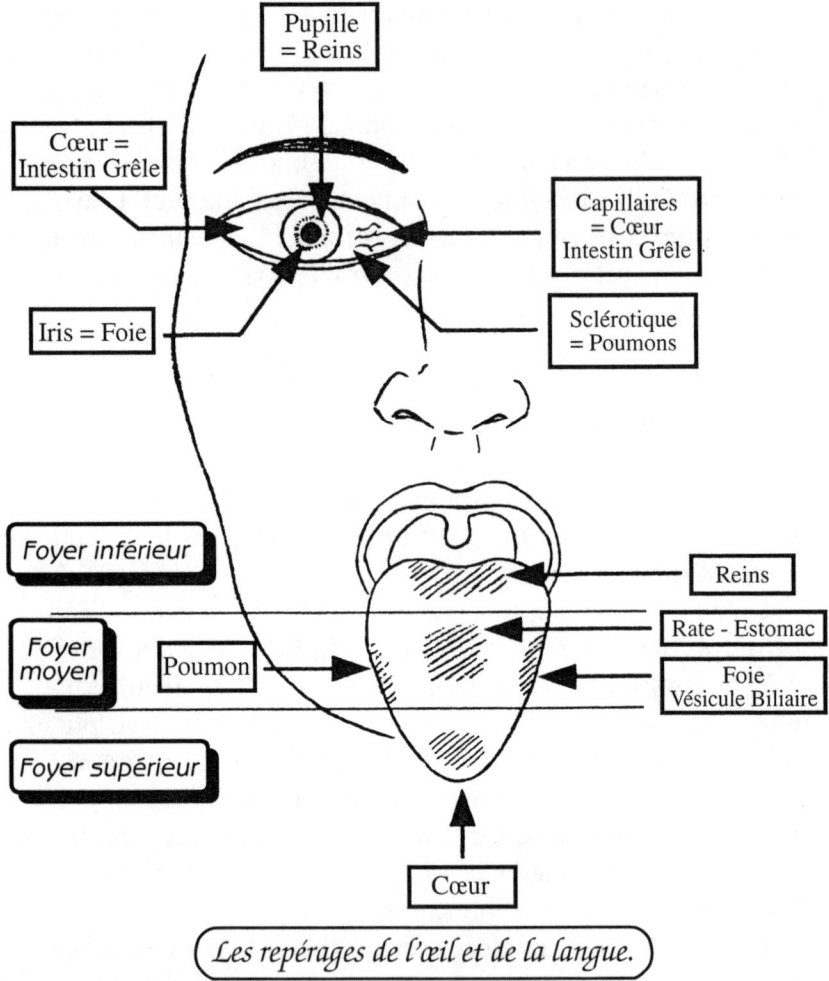

Les repérages de l'œil et de la langue.

Lors de ces deux observations de la langue et de l'œil, il faut bien entendu toujours avoir à l'esprit, comme à tout moment de la Pratique taoïste d'Harmonisation, la loi des Cinq Principes. Elle nous permet, en effet, de toujours voir les relations et les incidences entre les déséquilibres qui peuvent soit exister par eux-mêmes, soit être provoqués par le déséquilibre (excès ou insuffisance) d'un autre viscère.

L'observation des zones du dos et du ventre

Sur le dos et sur le ventre de chacun de nous existent des zones que l'on peut qualifier de « réflexes », qui représentent tous nos organes et nos viscères. Suivant leur état énergétique, ces zones vont « réfléchir », comme une sorte de miroir, cet état, nous permettant ainsi de le repérer, de le mieux connaître. En fonction de la forme que ces zones vont prendre et donner à l'observation mais aussi en fonction de leur toucher, nous aurons ainsi une idée de l'état énergétique de chaque Principe, de chaque méridien et de chaque organe.

L'observation du dos

Nous allons étudier les zones énergétiques du dos (voir la représentation schématique, page 154).

Une zone qui présente un caractère de « plein », c'est-à-dire qui est légèrement gonflée, va signifier un excès d'Énergie dans le méridien correspondant. À l'inverse, une zone qui va présenter un caractère de « vide », c'est-à-dire qui est légèrement creuse, va indiquer un vide d'Énergie dans le méridien associé. L'observation de ces zones est, pour le professionnel, un élément important du repérage général car il permet de bien vérifier les constatations déjà établies grâce aux autres moyens de repérage. Il est donc essentiel de ne pas négliger ce niveau. Il est intéressant de compléter cette observation en touchant légèrement ces zones du dos. Les réactions de la personne à ce toucher peuvent permettre de préciser un déséquilibre qui ne serait pas évident à déceler. Il est, de toute façon, intéressant, à notre niveau, d'observer simplement et de toucher ce dos sur ces différentes zones. Nous serons surpris de pouvoir y lire un

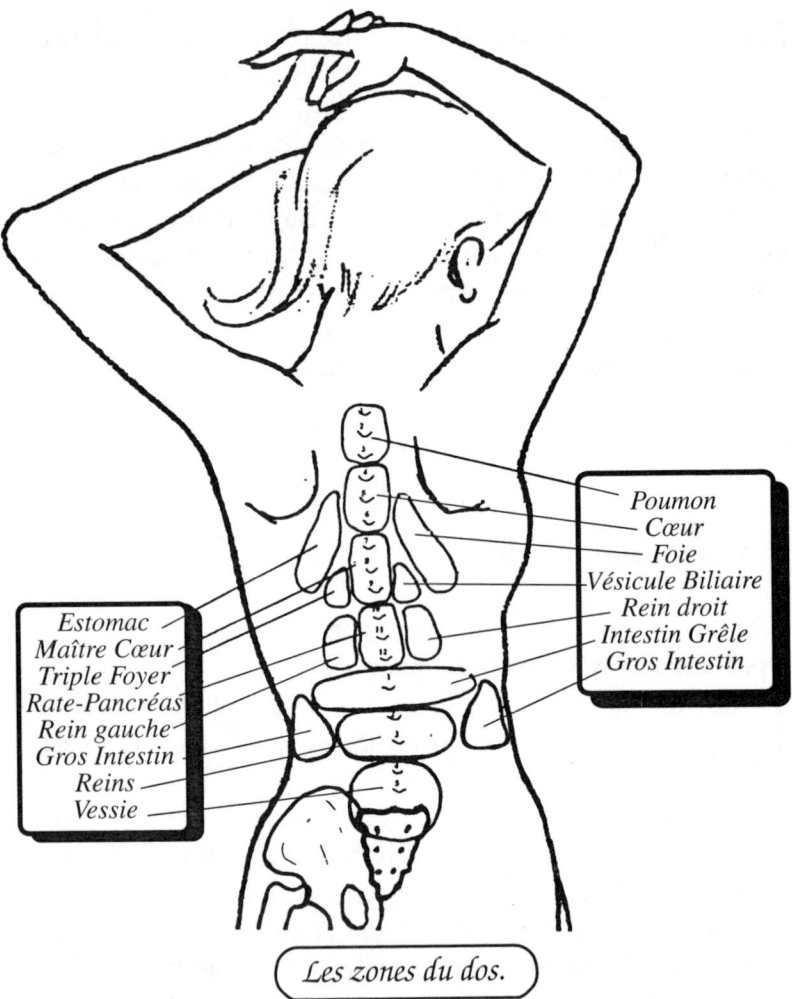

Les zones du dos.

certain nombre de choses. Lorsque l'une de ces régions dorsales est douloureuse, sensible, cela signifie de toute manière qu'il existe une tension énergétique à cet endroit, sur le méridien ou sur l'organe qui lui sont associés.

L'observation du ventre

Des zones complètement analogues existent au niveau du ventre. Le schéma ci-après (page 156), en donne la localisation.

Lors du toucher, du massage du ventre, ces zones peuvent présenter un caractère de dureté ou de mollesse ou bien encore de grande sensibilité. La sensibilité marque la présence d'un déséquilibre qui se traduit le plus souvent par une tension interne. Si cette zone sensible est dure, c'est un excès de Yang, si elle est molle, un excès de Yin sur le viscère concerné. Les constatations faites par ces deux moyens supplémentaires doivent être rapprochées des autres pour établir un repérage et choisir à bon escient le moyen de rééquilibrage des Énergies perturbées.

Le repérage par les pouls énergétiques chinois

Tous ceux d'entre nous qui ont eu recours à un acupuncteur ont pu constater qu'il effectuait (normalement !) une prise de pouls un peu particulière, tant dans la forme que dans la durée (par rapport à la prise classique de la médecine occidentale).

Cette prise de pouls est utilisée par la plupart des acupuncteurs ou praticiens Shiatsu comme moyen de repérage des déséquilibres énergétiques de leurs patients, parfois même (à tort d'ailleurs) comme moyen exclusif. Contrairement à ce qui est parfois affirmé, il est en effet inexact de croire que cette prise de pouls suffise à déterminer de façon sûre les déséquilibres énergétiques dans les méridiens.

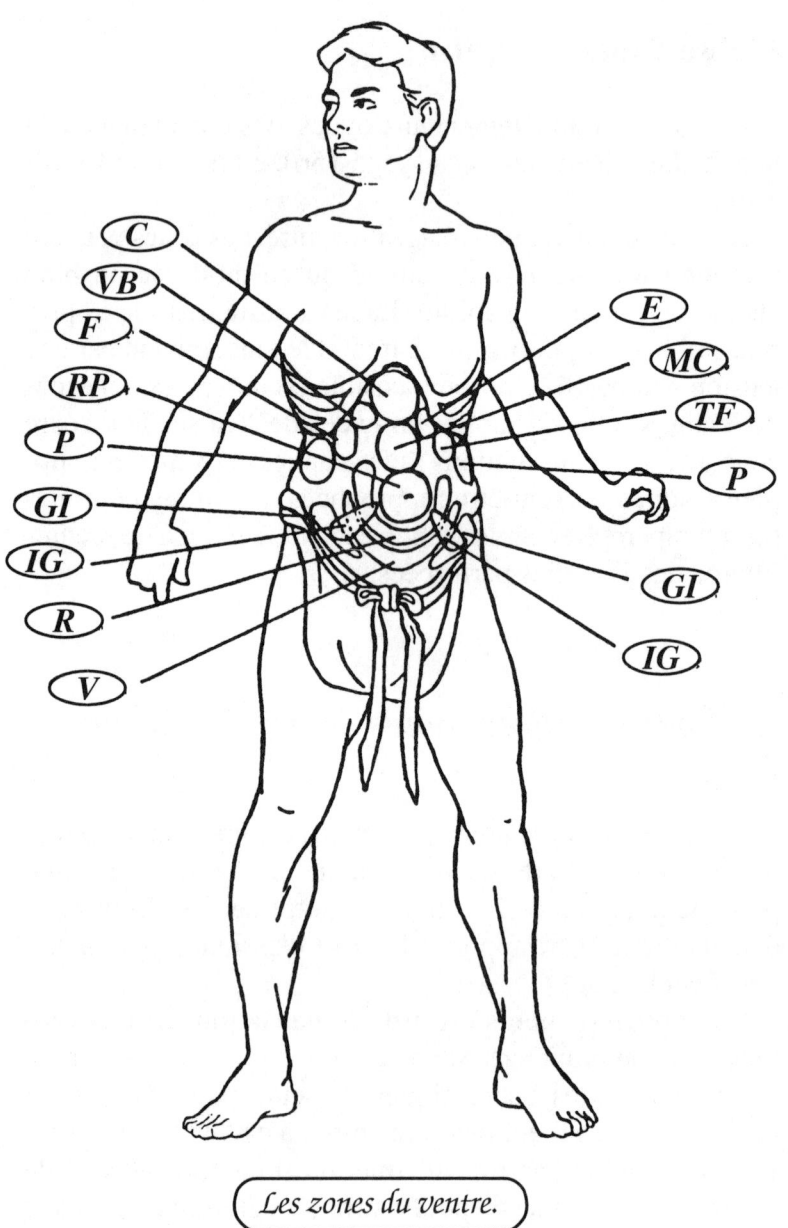

Les zones du ventre.

Quelle que soit la qualité de la prise des pouls, ils ne doivent en effet servir qu'à confirmer ou plutôt compléter un repérage préalablement développé grâce à l'observation attentive du partenaire et de sa symptomatologie psychophysiologique.

Cette observation et cette analyse s'élaborent grâce à d'autres éléments de repérage que nous aborderons plus loin Ainsi que le Dr A. Chamfrault l'indique dans son *Traité de médecine chinoise*, le So Ouenn précise cela dans son chapitre 78 traitant des erreurs que peuvent faire les acupuncteurs. Il définit la quatrième erreur ainsi : « Enfin, d'autres (médecins chinois) encore, n'essayent pas de trouver l'ori gine de la maladie, si elle est due à l'intempérance ou à une intoxication ou à d'autres causes : ils tâtent uniquement le pouls et prétendent ainsi diagnostiquer la cause de la maladie. C'est la quatrième erreur. » Le Nei King précise lui aussi dans son chapitre 3 : « Un bon acupuncteur doit également savoir bien observer le teint de son malade, voir l'état de ses yeux, si l'Énergie est troublée ; il doit observer attentivement les symptômes présentés par son malade, observer sa respiration, enfin reconnaître au pouls ses caractéristiques ; en réunissant toutes ces observations, il pourra poser son diagnostic. »

Il existe différents pouls sur le corps humain. Les pouls radiaux, que l'on peut considérer comme classiques, et d'autres plus anciens, qui sont basés sur la Philosophie du Tao et sa codification établie autour du Ciel, de la Terre et de l'Homme, selon le positionnement des Trois Foyers. Ces pouls sont au nombre de 3 pour la correspondance globale avec les 3 plans cosmiques (Terre, Ciel et Homme, voir schéma page 159) et au nombre de 9 pour cette même correspondance mais au niveau de chaque foyer du Triple Foyer ($3 \times 3 = 9$, voir schéma page 160). Leur usage est rare et purement destiné au diagnostic de l'acupuncteur professionnel, ce qui n'est pas notre propos. Je vous les présente cependant car, à travers eux, nous pouvons sentir la cohérence profonde de la codification chinoise du monde des Énergies.

Ils sont situés en 12 points différents du corps, répartis en 3 zones comprenant elles-mêmes 3 niveaux.

Dans la Philosophie du Tao, le corps humain est divisé en 3 parties, une Partie supérieure qui correspond à la tête et au Ciel, une Partie moyenne qui correspond aux membres supérieurs et à la Terre, et une Partie inférieure qui correspond aux membres inférieurs et à l'Homme. Chacune de ces parties possède un pouls spécifique qui donne la nature et la qualité de l'Énergie du Ciel pour la Partie supérieure (point 9 du méridien de l'Estomac, état du Yang), de l'Énergie de la Terre pour la Partie moyenne (points 8 et 9 du méridien du Poumon) et de l'Énergie de l'Homme pour la Partie inférieure (point 42 du méridien de l'Estomac, état du Yin).

De plus, chacune de ces 3 parties est elle-même divisée en 3 avec les correspondances suivantes :

• Dans la première Partie supérieure :

– la Partie supérieure correspond au Ciel, à la tête, à la Vésicule Biliaire avec ses 2 pouls aux points 4 VB et 7 VB ;

– la Partie moyenne correspond à la Terre, à la face, à l'Estomac avec ses 2 pouls aux points 6 E et 9 E ;

– la Partie inférieure correspond à l'Homme, au devant des oreilles, au Triple Foyer avec son pouls au point 22 (TF, ou Triple Réchauffeur, TR).

• Dans la deuxième Partie moyenne :

– la Partie supérieure correspond au Ciel, au Poumon avec son pouls au point 9 P ;

– la Partie moyenne correspond à la Terre, au Gros Intestin avec son pouls au point 4 GI ;

– la Partie inférieure correspond à l'Homme, au Cœur avec son pouls au point 7 C.

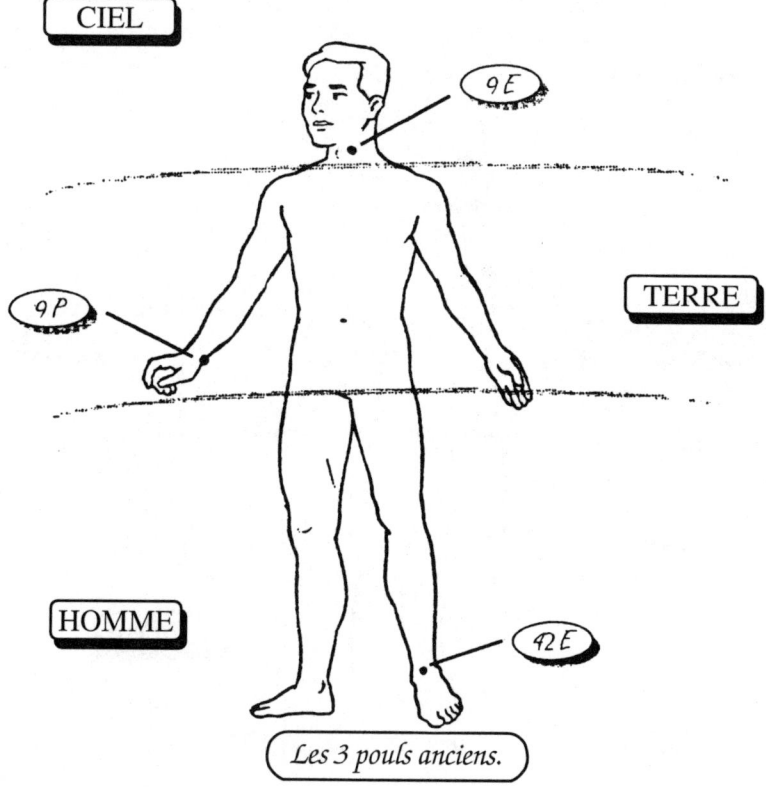

Les 3 pouls anciens.

• Dans la troisième Partie inférieure :
– la Partie supérieure correspond au Ciel, au Foie avec son pouls au point 10 F ;
– la Partie moyenne correspond à la Terre, au Rein, avec son pouls au point 3 R ;
– la Partie inférieure correspond à l'Homme, à la Rate, avec son pouls au point 11 RP.

Nous pouvons passer maintenant à l'étude des pouls radiaux, présentant plus d'intérêt dans la Pratique taoïste des Énergies qui est avant tout une méthode de Shiatsu, une pratique de santé et non une technique médicale.

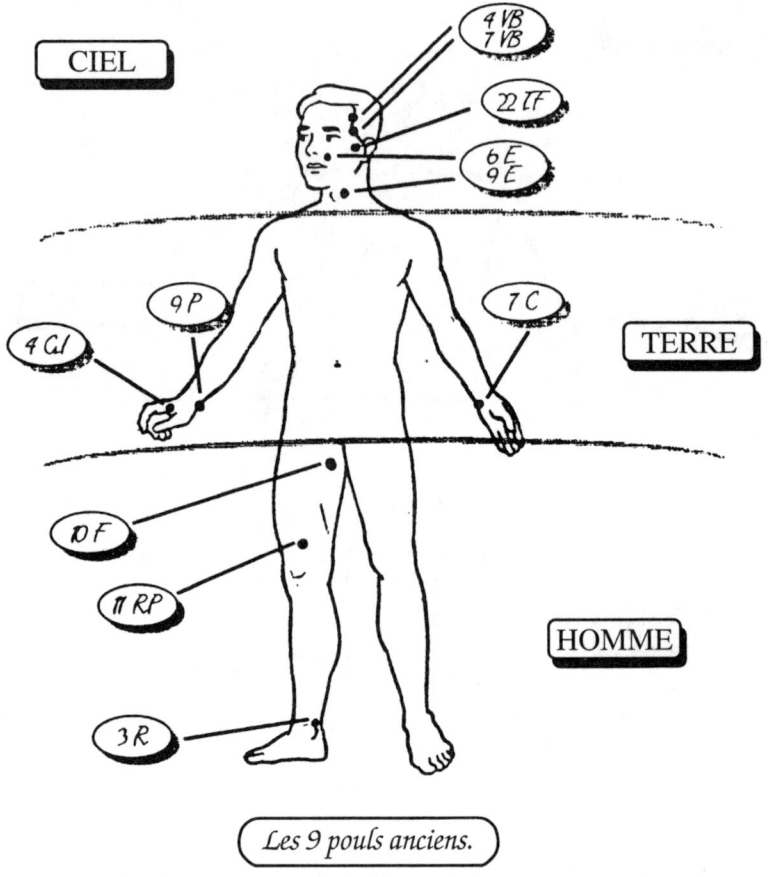

Les 9 pouls anciens.

Les pouls radiaux

Ils sont appelés ainsi car ils sont localisés au niveau des poignets, là où passent les artères radiales. Ils sont aussi au nombre de 12 mais parce qu'ils sont en correspondance directe avec les 12 méridiens, dont ils sont censés être les témoins énergétiques. Ces pouls furent localisés et codifiés en partant de l'idée suivante.

Lors de sa circulation dans le corps et de ses marées énergétiques quotidiennes, l'Énergie suit le trajet que nous avons présenté précédemment dans le chapitre sur l'Énergie dans l'homme (voir page 26) et qui débute toujours par le méridien du Poumon. Pendant ce circuit quotidien et permanent, la structure de l'Énergie peut donc être pressentie à son départ, lorsqu'elle est encore entière, en pleine force. On peut ainsi en connaître la nature profonde, avant qu'elle ne se soit répartie dans les différents méridiens. C'est pour cela que les pouls radiaux sont situés à cet endroit du trajet du méridien du Poumon.

Ces pouls sont donc situés sur chaque avant-bras, au niveau de chaque poignet. Chaque côté présente 6 pouls, correspondant à 3 méridiens et leurs complémentaires. Trois pouls sont localisés en surface et 3 autres en profondeur. Ce positionnement découle directement de la logique taoïste qui positionne toujours le Yang en surface et le Yin en profondeur. Les 3 pouls de surface correspondent donc aux méridiens Yang (ceux qui sont rattachés aux entrailles) et les 3 pouls de profondeur, aux méridiens Yin (ceux qui sont rattachés aux organes).

La localisation de chacun de ces pouls est un moment que je qualifierai de sensible, car tous les avis ne convergent pas. Je donnerai donc ici la localisation la plus classique (Soulié de Morant, J. Lavier) qui est celle qui intègre les méridiens des Triple Foyer et Maître Cœur (apparus bien après les autres méridiens).

Cette localisation classique est donc la suivante :
Les pouls se prennent avec les trois doigts – index, majeur et annulaire – joints, chacun exerçant la pression à son tour. L'index doit être posé contre l'artère radiale, au point de flexion du poignet. Les deux autres doigts tombent naturellement à leur place.

162 L'HARMONIE DES ÉNERGIES

Poignet droit sous l'index gauche		Poignet gauche sous l'index droit	
En surface	Gros intestin	En surface	Intestin grêle
En profondeur	Poumons	En profondeur	Cœur
Poignet droit sous le majeur gauche		Poignet gauche sous le majeur droit	
En surface	Estomac	En surface	Vésicule Biliaire
En profondeur	Rate-Pancréas	En profondeur	Foie
Poignet droit sous l'annulaire gauche		Poignet gauche sous l'annulaire droit	
En surface	Triple Foyer	En surface	Vessie
En profondeur	Maître Cœur	En profondeur	Reins

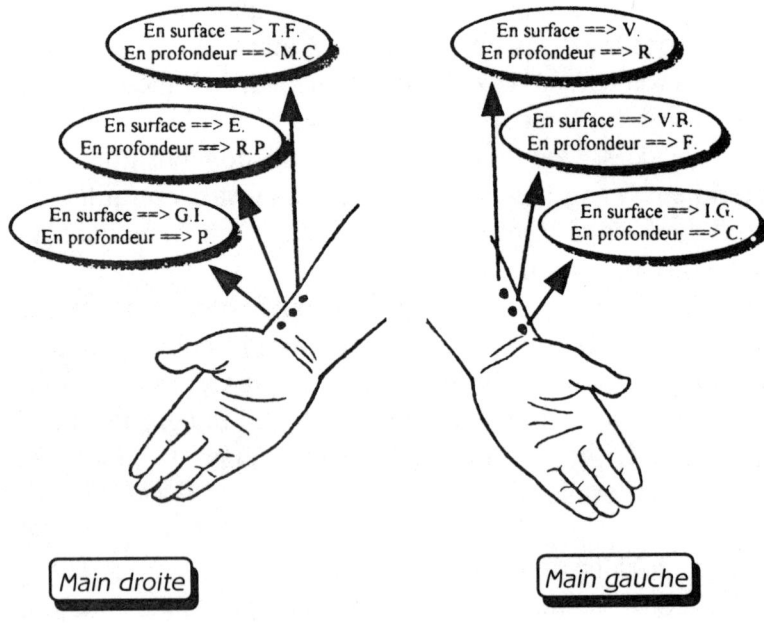

Les pouls radiaux.

Le pouls de surface se trouve en effectuant une pression légère (en surface) et le pouls de profondeur en effectuant une pression plus prononcée (en profondeur). Il ne faut cependant pas non plus l'écraser ou au contraire simplement l'effleurer.

On commence toujours par le pouls droit que l'on prend avec la main gauche, le partenaire étant assis ou, mieux, allongé sur le dos à votre gauche. On prend ensuite le pouls gauche avec la main droite, en changeant de côté, le partenaire étant toujours assis ou allongé sur le dos, mais cette fois à votre droite.

Lors d'une prise de pouls, il est très important de connaître d'abord sa tendance générale afin de sentir sa texture normale moyenne. On le fait en passant relativement rapidement sur les 6 pouls du côté que l'on étudie. Une fois cette tendance déterminée, on revient alors plus en détail sur chacun.

La suite de la prise des pouls va être déterminée par la loi des Cinq Principes que nous avons déjà étudiée. La base du chiffre 5 va donc apparaître souvent ainsi que les relations avec les saisons, les périodes de la vie, etc., c'est-à-dire la plupart des éléments définis par cette loi.

On prend les pouls sur une durée de 50 battements par couple de méridiens. Pourquoi 50 pulsations ? Eh bien, nous allons prendre pour chaque pouls, donc chaque méridien, 5×5 pulsations (5 pulsations par Principe). Il y a 2 méridiens appartenant au même Principe sous chaque doigt prenant le pouls : un méridien Yin et un méridien Yang. Cela fait par conséquent $2 \times 25 = 50$ pulsations ($5 \times 5 \times 2$, c'est-à-dire 5×5 Principes $\times$ Yin $\times$ Yang).

Nous pouvons à nouveau constater ici la cohérence du système.

On prend donc ce pouls sur 25 pulsations en surface, puis on continue directement à prendre les 25 suivantes en profondeur, sans relâcher la pression d'appui lors du changement de pression et donc de pouls. En effet, 50 pulsations sans interruption signifient que tous les organes sont correctement alimentés en Énergie. Une interruption après 40 signifie qu'un organe est mal alimenté. Une interruption après 30 battements signifie que 2 organes sont mal alimentés et ainsi de suite. Une interruption avant 10 pulsations signifie que les 5 organes sont mal alimentés et par conséquent que leur Énergie s'épuise.

Il doit y avoir aussi 5 battements dans une respiration complète (inspiration + expiration). Plus de 4 dans une seule inspiration ou expiration est le signe d'un déséquilibre important.

Il faut aussi tenir compte du fait que les caractéristiques du pouls varient avec les saisons et les organes qui leur sont liés.

Le pouls du Printemps correspond au Foie, au Bois. C'est la saison de la montée de la sève, de la vie qui renaît, qui rejaillit. C'est pour cela qu'il est légèrement tendu et long.

Le pouls de l'Été est associé au Cœur, au Feu. À cette saison, tout est en pleine croissance et en pleine activité. C'est pour cette raison que son Énergie est forte mais ample et souple.

Le pouls de la fin de saison est lié à la Rate-Pancréas. Il n'a pas de caractéristiques très particulières. Il est doux et paisible « comme un poulet pose doucement sa patte à terre en marchant ». C'est uniquement l'apparition de l'Énergie de l'Estomac à la fin de saison qui lui donne son caractère en cette saison. Le pouls est donc calme et élastique.

Le pouls de l'Automne correspond au Poumon, au Métal. C'est la saison des récoltes, c'est pourquoi le pouls est léger, râpeux et superficiel, l'Énergie étant elle-même superficielle.

Le pouls de l'Hiver est associé au Rein, à l'Eau. Les réserves sont dans les granges. Le pouls est dur, légèrement comme de la pierre, et en profondeur.

Le professionnel devra donc, lors de chaque saison, tenir compte de la caractéristique qui lui est liée et que l'on retrouvera dans chaque pouls, associée à celle du pouls lui-même Par exemple, en hiver, la marque de la saison est la profondeur. Chaque pouls sera donc profond et... (la caractéristique qui lui est propre). Le Foie, par exemple, dont le trait distinctif est d'être légèrement tendu, sera, en hiver, légèrement tendu et profond. Le Cœur sera, en hiver, ample (sa caractéristique) et profond (celle de l'hiver). Il en sera ainsi pour tous les pouls et lors de chaque saison. On voit déjà le nombre de combinaisons possibles. On ajoute à cela les marées énergétiques qui vont donner, en fonction de l'heure à laquelle on prend les pouls, telle ou telle dominante quantitative. De plus, le pouls sera légèrement plus Yang lorsqu'il s'agit d'un viscère et légèrement plus Yin pour un organe.

Le professionnel corrigera enfin les pouls en fonction de la typologie de l'individu, qui donne un peu plus de superficiel s'il est de nature Yang (longiligne ou maigre) et un peu plus de profondeur s'il est de nature Yin (gros ou obèse). Puis on tiendra compte de l'âge de la personne dont les caractéristiques sont associées aux Cinq Principes. Le vieillard aura par exemple un pouls plutôt Métal et donc superficiel et le jeune ou l'enfant un pouls plutôt Feu ou Bois, c'est-à-dire légèrement tendu ou ample et rapide.

Lorsque le pouls présente les caractéristiques correspondant à ce qu'il est censé être, l'Énergie est considérée comme équilibrée. Lorsque ce n'est pas le cas, elle est alors considérée comme déséquilibrée. Par exemple, le pouls du Foie pris en été chez un individu jeune et maigre doit être légèrement tendu, ample et superficiel. S'il présente ces caractéristiques, son Énergie est équilibrée. En revanche, si ce pouls est, par exemple, légèrement râpeux, profond et dur, son Énergie est déséquilibrée car elle correspond à celle de l'Eau et du Métal (hiver, vieillesse, obésité).

Nous voyons bien là le niveau de sophistication et d'élaboration de ce moyen de repérage. Il peut être intéressant pour nous d'essayer, de tester cette prise de pouls qui nous permettra très certainement de constater des différences, voire même des absences de pouls. Mais il est bien entendu que nous ne pourrons pas nous en servir pour décider d'un rééquilibrage des Énergies. Une prise de pouls s'apprend et se pratique de nombreuses fois avant de permettre un quelconque repérage.

Les caractéristiques liées au pouls lui-même et à son environnement (individu, saison, heure, etc.) représentent le qualitatif de l'Énergie ; on peut aussi déterminer si elle est en excès ou en insuffisance, tout en tenant compte du facteur correcteur de l'heure à laquelle ces pouls sont pris (marées énergétiques). Je rappelle ici que les marées énergétiques, c'est-à-dire ces flots d'Énergie qui passent toutes les deux heures d'un méridien à un autre, sont significatives de la quantité d'Énergie alors que les cinq saisons (loi des Cinq Principes) en donnent la qualité.

Lorsque nous prenons un pouls, l'intensité avec laquelle il va manifester ses caractéristiques est représentative de l'excès ou de l'insuffisance de son Énergie. Il faut nuancer cela avec l'heure à laquelle cette prise a lieu. Si c'est l'heure de pleine Énergie (voir les marées énergétiques, page 147), il sera normal qu'il soit puissant. Si c'est l'heure de faible Énergie, il sera plus faible. En règle générale, un pouls fort montre l'excès et un pouls faible, l'insuffisance.

Nous pouvons donc voir à quel point les pouls sont très relatifs et complexes et qu'ils ne correspondent à aucun moment à un stéréotype absolu que l'on retrouverait chez chaque individu. Il est donc essentiel, pour le professionnel, de toujours avoir une certaine distance face aux éléments d'analyse dont il dispose. Ils appartiennent et sont toujours l'image relative que nous envoie un microcosme particulier.

Il importe donc de savoir replacer ces éléments dans leur contexte, seul endroit où ils prennent leur signification réelle. Il serait donc vain de croire que l'on peut faire très rapidement un repérage par la simple prise des pouls radiaux. Il va falloir l'effectuer de nombreuses fois pour apprendre à sentir les nuances d'une pulsation, en corroborant le résultat obtenu avec les autres moyens de repérage. Petit à petit, la sensation s'affinera et deviendra plus juste, mais seulement après beaucoup de patience et d'humilité.

Nous allons maintenant passer à l'étude simple, mais suffisante pour notre usage, de chaque méridien énergétique. Quels sont ses rôles physiologiques et psychologiques, son trajet, ce à quoi il correspond ?

Les douze méridiens énergétiques

Le méridien du Poumon *(signe astrologique chinois du Tigre)*

Le Poumon est associé au Principe du Métal, à l'Automne. Il permet d'absorber l'Énergie appelée « Chi », dont dépend l'activité vitale. Cette Énergie provient de l'extérieur, notamment sous la forme de l'oxygène (mais pas uniquement) et est transformée dans le corps humain en Énergie Essentielle puis Vitale. Son rôle est de donner la force et la capacité de résistance aux agressions provenant du monde extérieur.

Le Poumon gère donc l'équilibre entre l'extérieur et l'intérieur. C'est lui qui a la charge de la protection face au monde extérieur. Il s'occupe de l'Énergie physique et il assiste le Cœur en contrôlant l'Énergie en provenance de l'air. Celle-là, associée au sang, alimente les organes et les entrailles. De plus, le Poumon participe activement à la qualité de l'Énergie grâce aux transformations qu'il dirige. En effet, pour pouvoir circuler et alimenter correctement tout le corps, l'Énergie de la Terre (donc des aliments) doit se combiner avec l'Énergie du Ciel (donc de l'air) pour former l'Énergie Essentielle. Il semble évident que si cette combinaison est mal dirigée, l'organisme sera mal nourri.

Sur le plan physiologique, ce méridien correspond à l'appareil respiratoire mais aussi à la peau, au nez, au système pileux. C'est le Poumon qui régule l'équilibre thermique de ces zones et leur permet de se protéger, notamment des agressions climatiques. Au niveau psychologique, il est associé à la capacité de se défendre face au monde extérieur, à ce que j'appelle la volonté « volontaire » (volontarisme), la rigueur, l'action sur les choses, mais aussi et surtout l'intériorisation, prise dans le sens de la non-manifestation, du camouflage (armure).

LES DOUZE MÉRIDIENS ÉNERGÉTIQUES

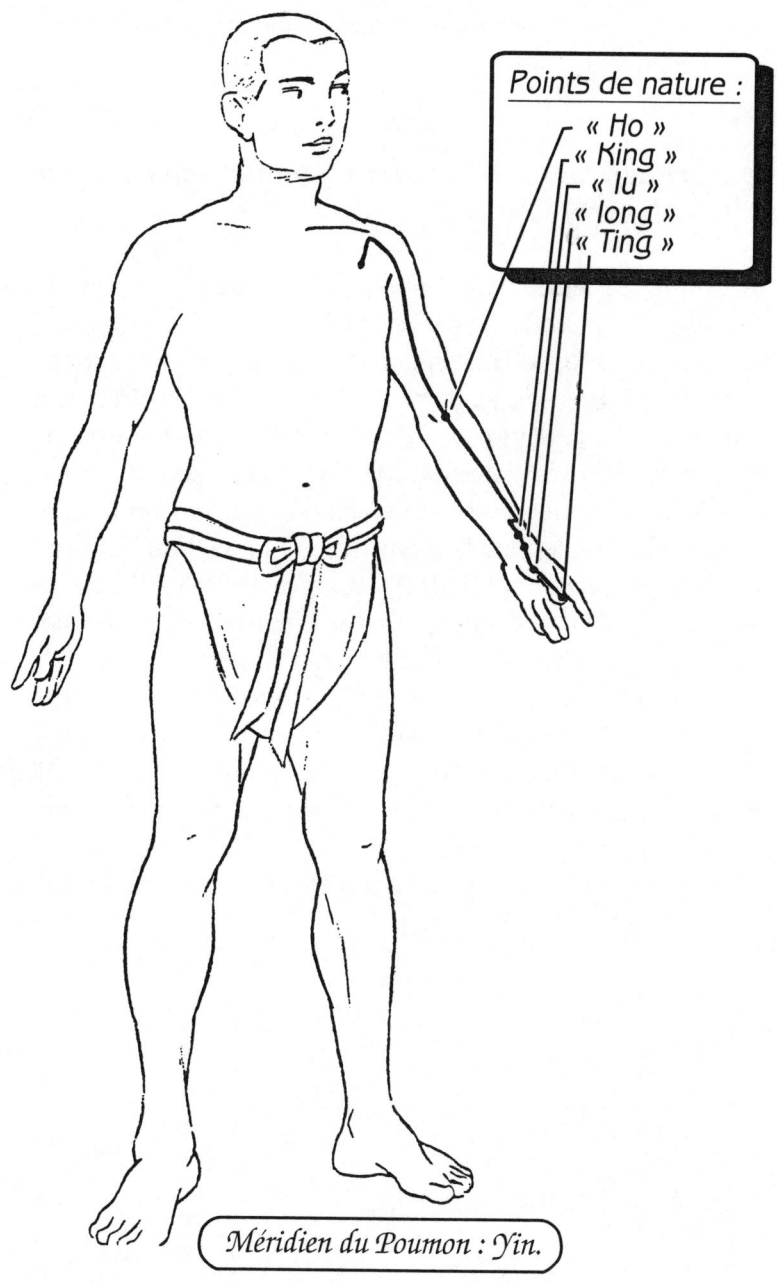

Méridien du Poumon : Yin.

Son heure solaire de marée énergétique maximale se situe de 3 à 5 heures.

Le méridien du Gros Intestin *(signe astrologique chinois du Lièvre)*

Comme le méridien du Poumon dont il est le complémentaire, il correspond au Principe du Métal et à l'Automne. Il est donc couplé avec le méridien du Poumon et il le seconde. Il a pour fonction le transport et l'élimination des déchets et empêche ainsi la stagnation de l'Énergie Tchi. Il influence de ce fait toutes les excrétions de l'intérieur vers l'extérieur. Il joue ce rôle pour ce qui concerne les matières organiques alors que la Vessie joue le même rôle pour les liquides organiques. S'il fonctionne mal, il y a alors des troubles d'évacuation dans tout le corps (poumons, intestin, reins, vessie).

Sur les plans physiologique et psychologique, le Gros Intestin est associé aux mêmes plans que le Poumon étant donné qu'il est son méridien complémentaire. L'étude attentive de la symptomatologie et des pouls pourra permettre de déterminer quel méridien est à l'origine du déséquilibre éventuellement existant.

Son heure solaire de marée énergétique maximale se situe de 5 à 7 heures.

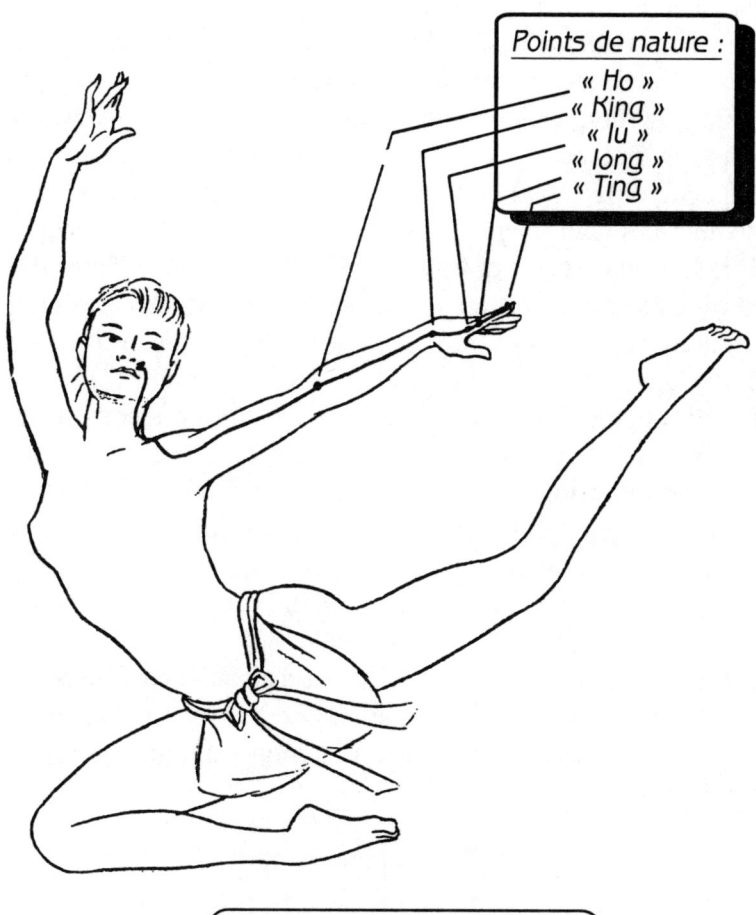

Méridien du Gros Intestin : Yang.

Le méridien de l'Estomac *(signe astrologique chinois du Dragon)*

Il est associé, comme la Rate-Pancréas dont il est le complémentaire, à la Terre, à la fin de saison et au point Ho. Son méridien concerne l'estomac et le tube digestif entier. Il est en relation avec les mouvements des membres et la chaleur produite par le corps, car ils aident à un bon fonctionnement de l'estomac et du tube digestif. Ce méridien, qui est en rapport avec l'appétit, dirige aussi la formation du lait maternel, le fonctionnement des glandes génitales, des ovaires, et la menstruation.

L'Estomac reçoit et transforme l'Énergie de la Terre par la digestion. L'Estomac est aussi appelé « la mer des cinq organes et des six entrailles » car c'est par son action que ceux-là seront nourris et on voit bien comment tout dysfonctionnement de l'Estomac aura des conséquences sur le corps entier. L'Estomac a donc la charge de la digestion sur les plans physiologique et psychologique.

Au niveau physiologique, ce méridien correspond, comme son complémentaire la Rate-Pancréas, à la chair, aux tissus conjonctifs, à la masse musculaire et se localise physiquement à la bouche et aux lèvres.

Sur le plan psychologique, il est associé à la pensée, la mémoire, la raison et le réalisme, la réflexion et les soucis.

Son heure solaire de marée énergétique maximale se situe de 7 à 9 heures.

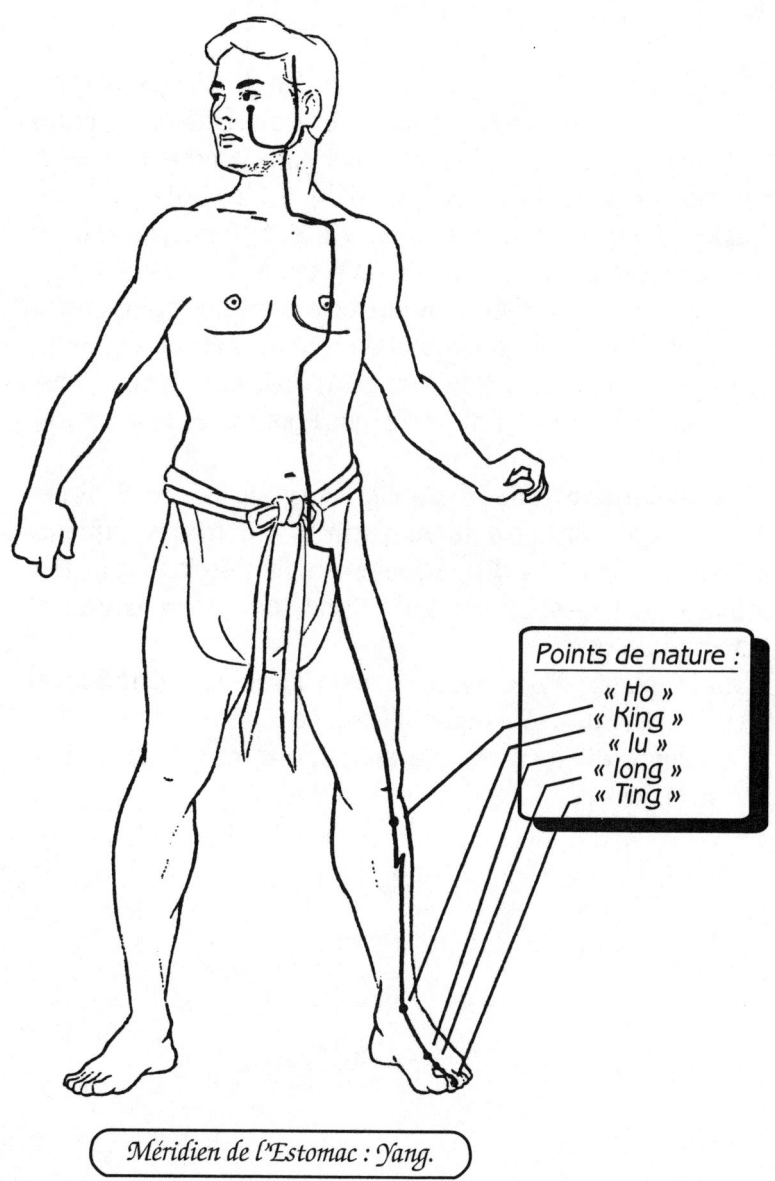

Méridien de l'Estomac : Yang.

Le méridien de la Rate-Pancréas *(signe astrologique chinois du Serpent)*

La Rate-Pancréas correspond à la fin de chaque saison, au Principe de la Terre. Ce méridien concerne les glandes de l'appareil digestif qui se trouvent dans la bouche, l'estomac, la vésicule biliaire, l'intestin grêle, ainsi que les glandes mammaires et les ovaires. La Rate-Pancréas joue un rôle de pivot et distribue de façon permanente la nourriture à tout le corps. En effet, la nourriture n'est pas directement assimilable par l'organisme et sa transformation est assurée par l'Estomac et la Rate-Pancréas. Elle pourra ainsi s'associer à l'Énergie de l'air grâce au Poumon et se transformer en Énergie Essentielle.

Les sucs digestifs de l'Estomac sont contrôlés par la Rate-Pancréas qui fait la première distinction entre les aliments utiles et inutiles. Elle dirige également la transformation des liquides absorbés. Elle régule donc toute la nutrition et l'Énergie du corps.

Sur les plans physiologique et psychologique, ce méridien a les mêmes caractères que l'Estomac.

Son heure solaire de marée énergétique maximale se situe de 9 à 11 heures.

LES DOUZE MÉRIDIENS ÉNERGÉTIQUES

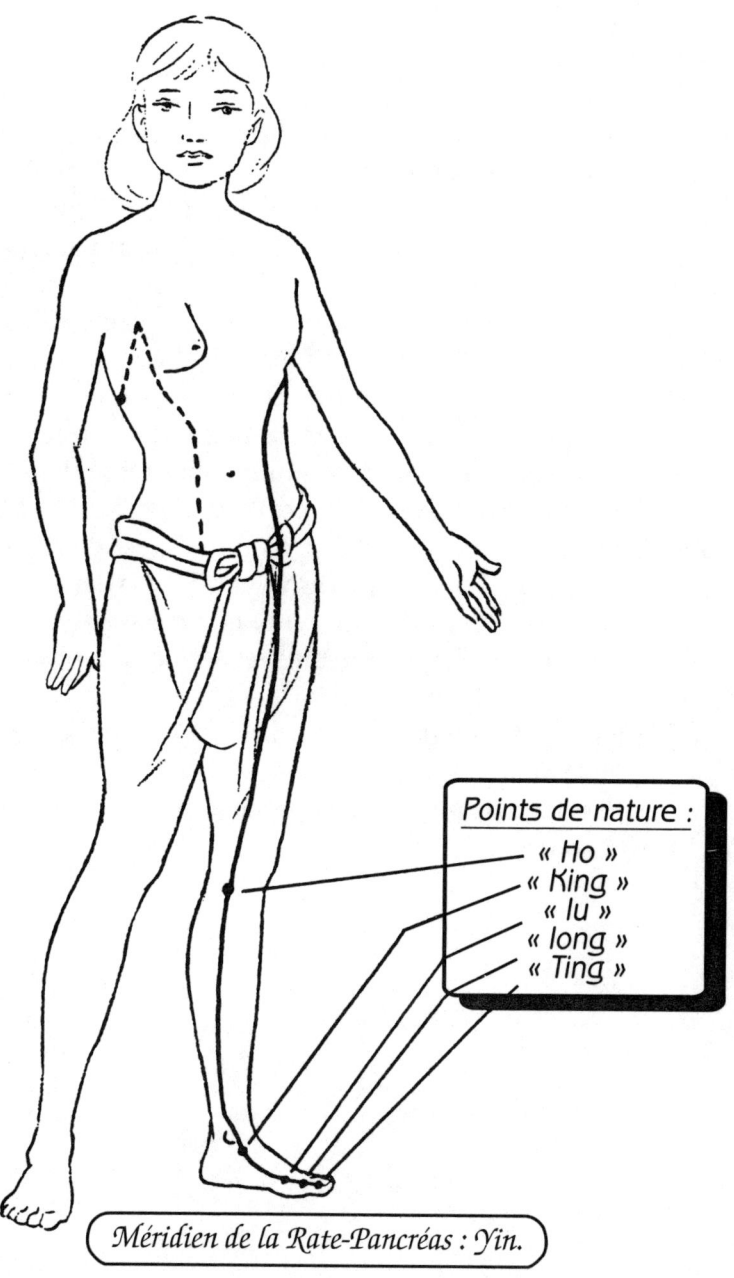

Points de nature :
- « Ho »
- « King »
- « Iu »
- « long »
- « Ting »

Méridien de la Rate-Pancréas : Yin.

Le méridien du Cœur *(signe astrologique du Cheval)*

Le Cœur est associé au Principe du Feu, à l'Été. Son méridien aide à adapter les stimulations externes à la condition interne du corps. Il est de ce fait intimement lié à l'émotivité et régularise le fonctionnement de tout le corps par son action sur le cerveau et les cinq sens.

Il est considéré par les Taoïstes comme l'« empereur » des organes et du psychisme. L'intelligence et la conscience dépendent de lui. Une relation très étroite existe entre le Cœur, le Maître Cœur (que l'on appelle le « Premier ministre ») et le cerveau. Tout déséquilibre du Cœur rejaillit sur tous les autres méridiens. Il contrôle la distribution du sang et régit le système vasculaire. Comme il est en relation avec la langue, il permet de distinguer les saveurs.

Au niveau physiologique, ce méridien correspond donc à la langue et aux vaisseaux sanguins, et se localise physiquement au front et au teint.

Sur le plan psychologique, il est associé à la conscience, à l'intelligence, à la passion, à l'éclat.

Son heure solaire de marée énergétique maximale se situe de 11 à 13 heures.

LES DOUZE MÉRIDIENS ÉNERGÉTIQUES

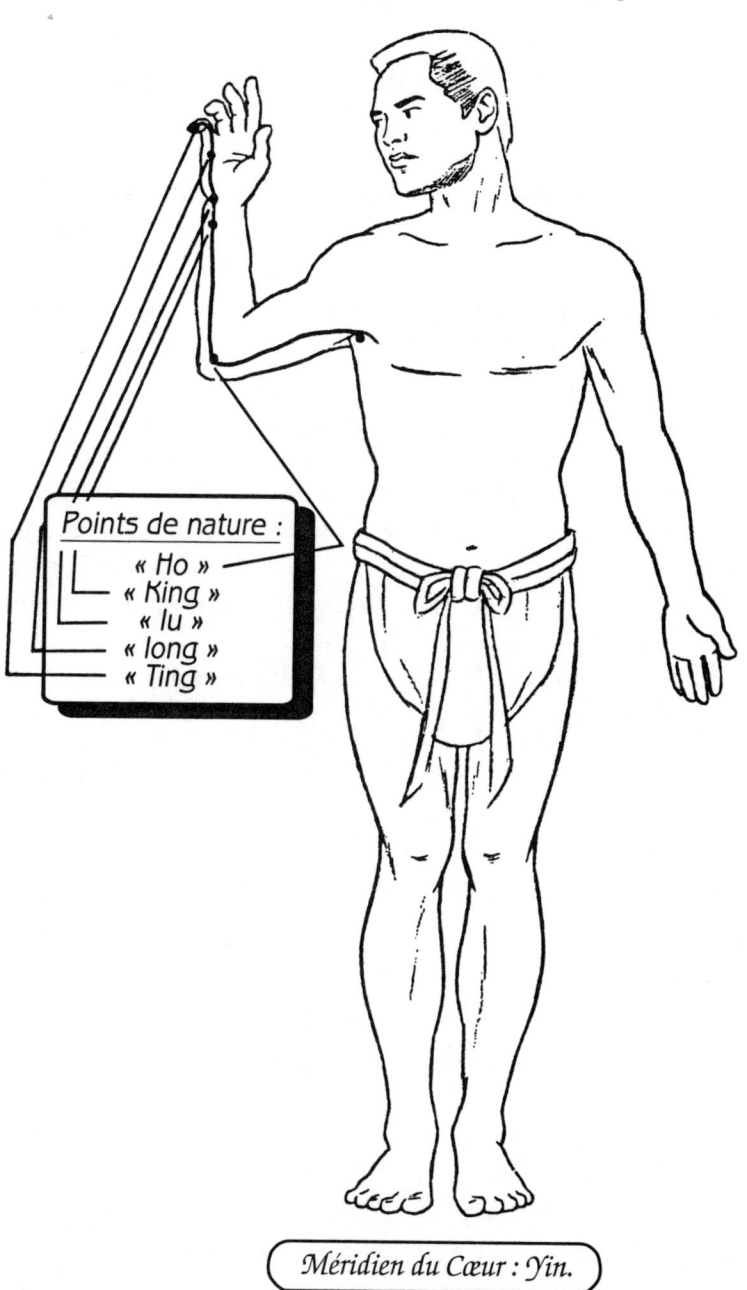

Méridien du Cœur : Yin.

Le méridien de l'Intestin Grêle *(signe astrologique de la Chèvre)*

L'Intestin Grêle correspond, comme le Cœur dont il est le complémentaire, au Principe du Feu, à l'Été. Il assure l'assimilation des aliments, en contrôlant la séparation entre les aliments purs dirigés vers la Rate-Pancréas, et les aliments impurs dirigés vers les viscères d'élimination que sont le Gros Intestin et la Vessie.

Il fait donc passer dans l'organisme la nourriture élaborée et en assure l'assimilation sur tous les plans (la personnalisation des informations reçues est le début du subjectif). Ces transformations nécessitent beaucoup de chaleur et c'est pourquoi l'Intestin Grêle appartient au Principe du Feu.

Il a les mêmes caractéristiques physiologiques et psychologiques que celles du Cœur.

Son heure solaire de marée énergétique maximale se situe de 13 à 15 heures.

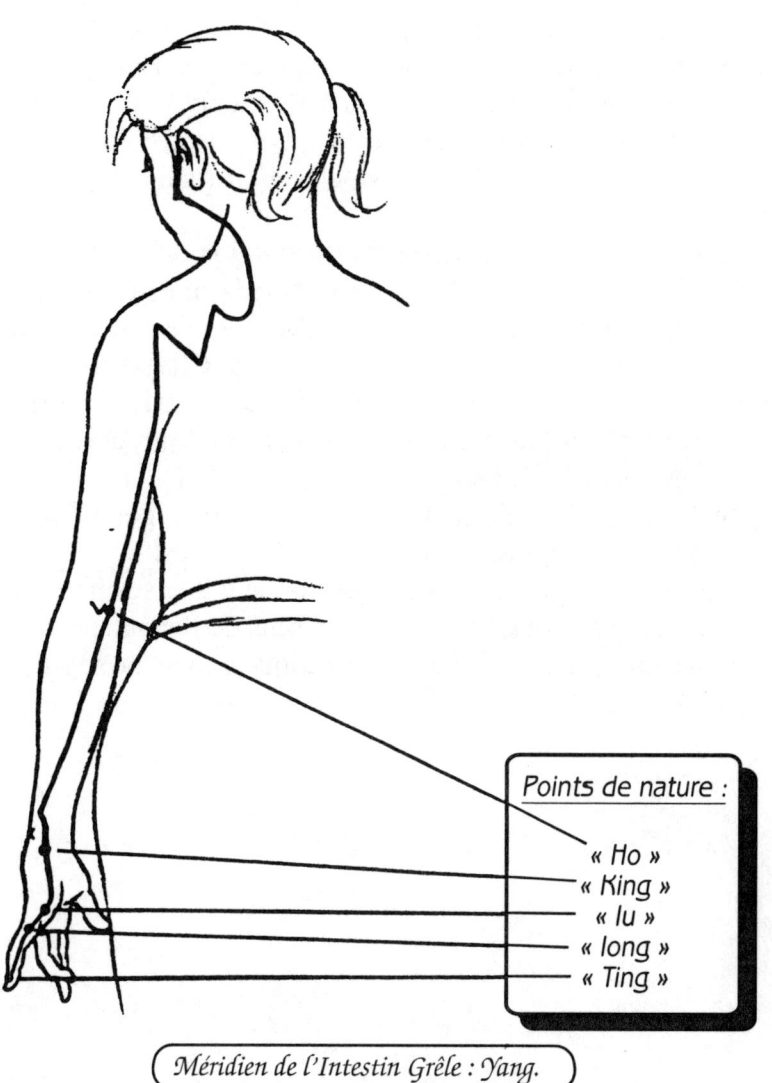

Le méridien de la Vessie *(signe astrologique du Singe)*

La Vessie est associée au Principe de l'Eau, à l'Hiver, comme le Rein dont elle est le complémentaire. Elle est liée à tout l'appareil urinaire ainsi qu'à l'hypophyse et au système nerveux autonome qui collaborent à la sécrétion des reins. Elle rejette l'urine qui est le produit final de la purification des liquides du corps.

C'est la phase finale de la transformation des Énergies, les urines étant les liquides impurs chargés en toxines et en excès dans le corps. La Vessie est donc couplée au Rein car c'est lui qui dirige la sécrétion des urines. C'est aussi elle qui permet, avec le Rein, de gérer et d'évacuer les vieilles mémoires, c'est-à-dire les vieux schémas profonds que nous pouvons parfois changer en nous.

Sur le plan physiologique, ce méridien correspond donc, comme le Rein, à l'os, à la moelle, aux oreilles.

Au niveau psychologique, il est associé à la sévérité, la fécondité, la rigueur, la décision, le sens de l'écoute.

Son heure solaire de marée énergétique maximale se situe de 15 à 17 heures.

LES DOUZE MÉRIDIENS ÉNERGÉTIQUES

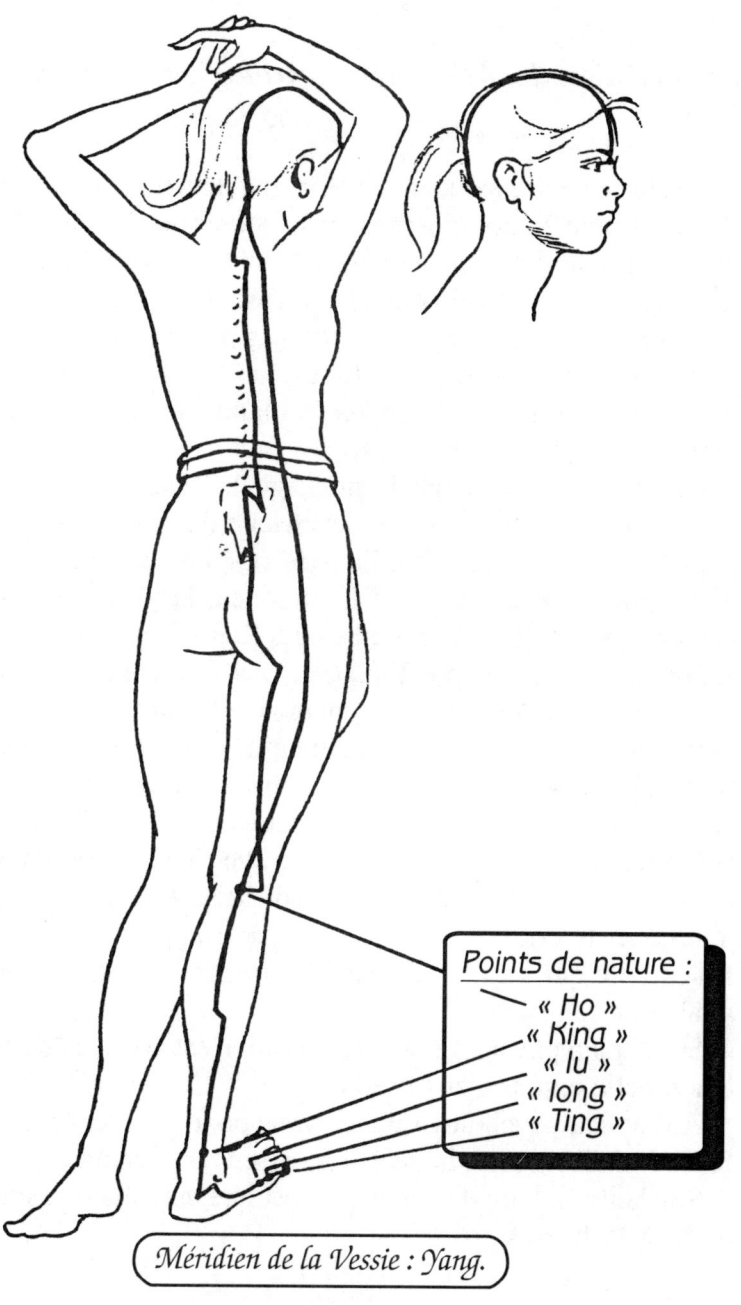

Points de nature :
- « Ho »
- « King »
- « Iu »
- « long »
- « Ting »

Méridien de la Vessie : Yang.

Le méridien du Rein *(signe astrologique chinois du Coq)*

Les Reins correspondent au Principe de l'Eau, à l'Hiver. Ils contrôlent la composition et la sécrétion des liquides organiques dont dépend l'Énergie Vitale et ils commandent le système de défense contre le stress. Ils règlent aussi le taux d'acidité et la quantité de toxines par leur mécanisme de purification. Ils dirigent enfin la glande surrénale gauche pour la formation de l'urine et la glande surrénale droite pour les sécrétions surrénales.

Les Reins ont la charge du stockage de l'eau et de l'Énergie Essentielle non stockée dans chacun des autres organes pour leurs propres besoins. Ils sont, de plus, la base même de l'équilibre Yin/Yang de l'Énergie, car la vie dépend de la combinaison de l'Eau et du Feu des Reins. Le Rein gauche est en effet à dominante Yang/Feu alors que le Rein droit est à dominante Yin/Eau. Ils sont donc à la base même de la force vitale et participent notamment à l'Énergie reproductrice (fécondité du sperme et des ovules). Ils y contribuent par le caractère Yang/Feu. On retrouve ici la relation avec le Maître Cœur qui leur sert de relais avec le Cœur pour tout ce qui touche à la vie et à sa reproduction. Par le caractère Yin/Eau, ils équilibrent leur Feu par l'apport d'Énergie Essentielle qui sera le vecteur matériel associé au vecteur vital.

Sur le plan physiologique, ce méridien est associé aux os, à la moelle osseuse, aux oreilles.

Au niveau psychologique, il correspond à la sévérité, la fécondité, la rigueur, la décision, le sens de l'écoute.

Son heure solaire de marée énergétique maximale se situe de 17 à 19 heures.

LES DOUZE MÉRIDIENS ÉNERGÉTIQUES 183

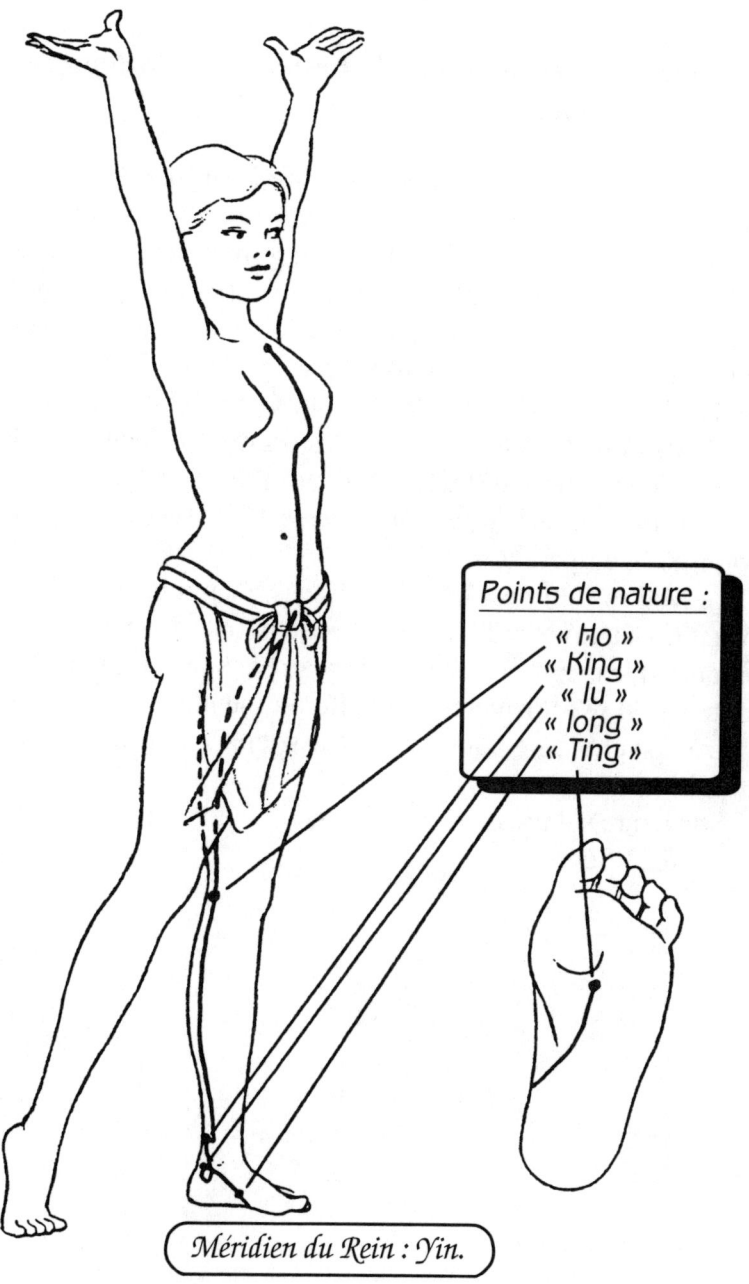

Points de nature :
« Ho »
« King »
« Iu »
« long »
« Ting »

Méridien du Rein : Yin.

Le méridien du Maître Cœur *(signe astrologique chinois du Chien)*

Le Maître Cœur est considéré comme un organe et est associé au Cœur dont il reprend les correspondances avec le Principe du Feu, et à l'Été. Il assiste le méridien du Cœur en contrôlant le système circulatoire central et règle ainsi la nutrition du corps. Toutes les relations du Cœur avec les autres organes transitent d'abord par le Maître Cœur (aidé du Triple Foyer) qui va tendre à équilibrer celles-là. Son rôle est de transmettre à tout le corps les ordres du Cœur dont il est en fait le porte-parole. Les Taoïstes l'appellent d'ailleurs le « Premier ministre », alors que le Cœur est considéré comme l'« empereur ».

Le Maître Cœur est lié aux vaisseaux sanguins pour leur structure, au myocarde (le cœur) et au péricarde (membrane entourant le cœur) et aussi au cerveau par son action importante sur le psychisme et la qualité du mental.

Les psychologies qui lui sont associées sont la joie, le plaisir et le bonheur.

Son heure solaire de marée énergétique maximale se situe de 19 à 21 heures.

LES DOUZE MÉRIDIENS ÉNERGÉTIQUES 185

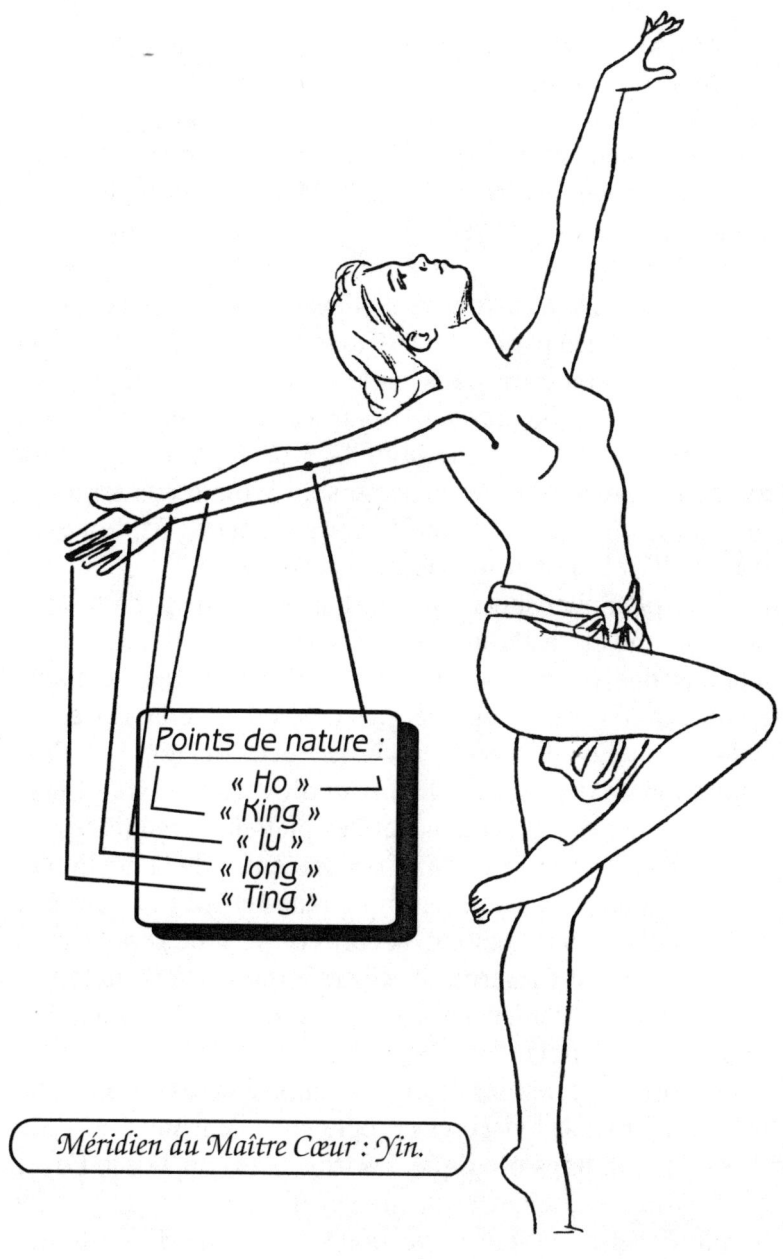

Points de nature :
- « Ho »
- « King »
- « Iu »
- « long »
- « Ting »

Méridien du Maître Cœur : Yin.

Le méridien du Triple Foyer *(signe astrologique chinois du Cochon)*

Complémentaire du Maître Cœur, le Triple Foyer est considéré comme un viscère. Comme le Maître Cœur reprend les éléments taoïstes du Cœur, le Triple Foyer reprend les éléments de l'Intestin Grêle. Il correspond au Principe du Feu, à l'Été. Il seconde le méridien de l'Intestin Grêle et équilibre l'Énergie donnée par le Maître Cœur. Il agit sur la circulation capillaire et protège le corps par le système lymphatique, tout en ayant une action particulière sur les membranes séreuses.

Ainsi que son nom l'indique, il a un rapport important avec la chaleur et il se présente sous trois plans complémentaires qui sont le Triple Foyer supérieur, Triple Foyer moyen, Triple Foyer inférieur.

Le Triple Foyer supérieur a la charge du transport du sang, de l'Énergie et des liquides dans tout le corps. Il représente « la mer de l'Énergie », car c'est à son niveau que se distribuent puis circulent les Énergies du Ciel et de la Terre.

Le Triple Foyer moyen concerne tout ce qui touche à l'assimilation, la digestion et le travail d'évacuation de l'Énergie de la Terre, des aliments et des matières organiques.

Le Triple Foyer inférieur s'occupe enfin de la gestion et de l'élimination des liquides organiques grâce à la Vessie et au Rein. Il est aussi le point du corps où se situe le pot à trois pieds contenant l'Énergie Ancestrale qui participe à toutes les opérations en réchauffant et en stimulant la confection de l'Énergie Vitale.

Le Triple Foyer contrôle en fait l'atmosphère dans laquelle travaillent tous les viscères et règle la chaleur interne.

Sur le plan physiologique, les trois plans du Triple Foyer sont associés chacun à un niveau différent du corps. Le Triple Foyer supérieur correspond à la partie du buste au-

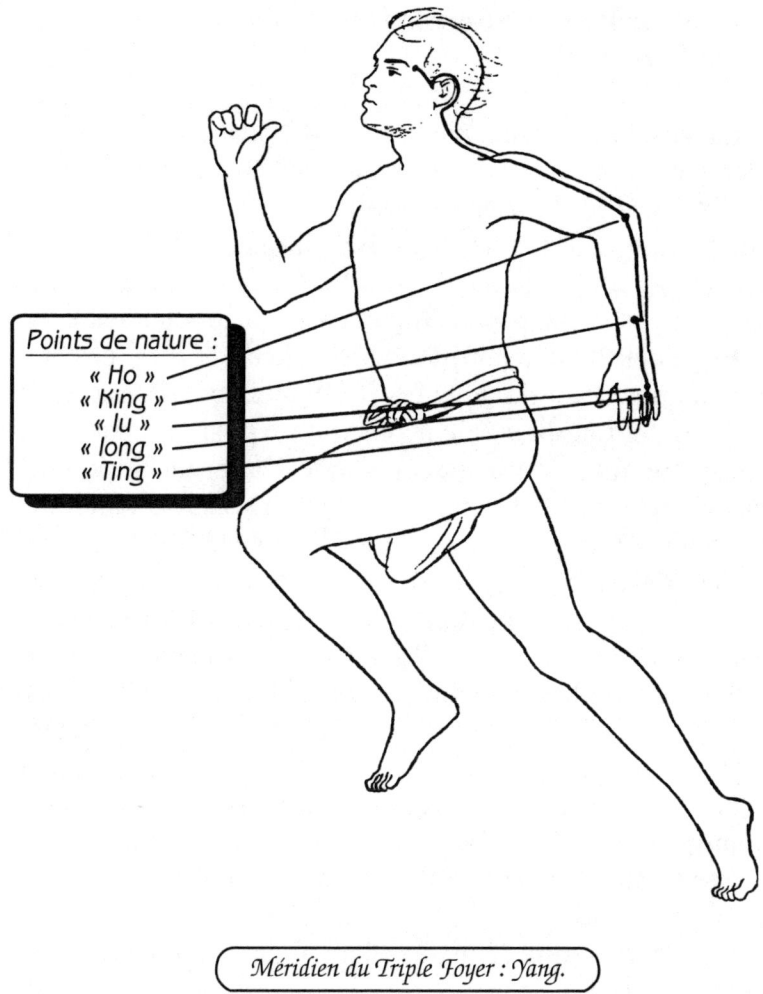

Méridien du Triple Foyer : Yang.

dessus du diaphragme (poitrine). Le Triple Foyer moyen est associé à la partie du ventre située entre le diaphragme et le nombril. Enfin, le Triple Foyer inférieur correspond à la partie du ventre située au-dessous du nombril.

Son heure solaire de marée énergétique maximale se situe de 21 à 23 heures.

Le méridien de la Vésicule Biliaire *(signe astrologique chinois du Rat)*

La Vésicule Biliaire, comme le Foie dont elle est le complémentaire, est associée au Principe du Bois, au Printemps. Elle répartit les éléments nutritifs et régularise l'équilibre énergétique dans tout le corps. Elle dirige en effet les sécrétions des glandes du tube digestif comme la salive, la bile, les sucs gastrique, pancréatique, entérique et duodénal.

Elle contrôle la répartition harmonieuse et juste des éléments nutritifs et travaille en étroite collaboration avec le Foie qui lui fournit les éléments de base pour sa répartition. C'est pourquoi il est essentiel que l'Énergie du couple Foie/Vésicule Biliaire soit équilibrée. De par sa nature, la Vésicule Biliaire participe à l'attitude générale du mental et des organes sur le plan du moral. Si elle est équilibrée, ceux-ci sauront toujours faire face et auront l'Énergie et le courage pour résister. Si elle n'est pas suffisamment équilibrée, le moral sera atteint et l'idée de la défaite qui s'installera créera le terrain favorable pour qu'elle se produise réellement.

Au niveau physiologique, ce méridien correspond, comme le Foie, aux yeux, aux muscles, aux ongles.

Sur le plan psychologique, il est associé à la justice, au courage, à l'harmonie, à la pureté

Son heure solaire de marée énergétique maximale se situe de 23 heures à 1 heure.

LES DOUZE MÉRIDIENS ÉNERGÉTIQUES

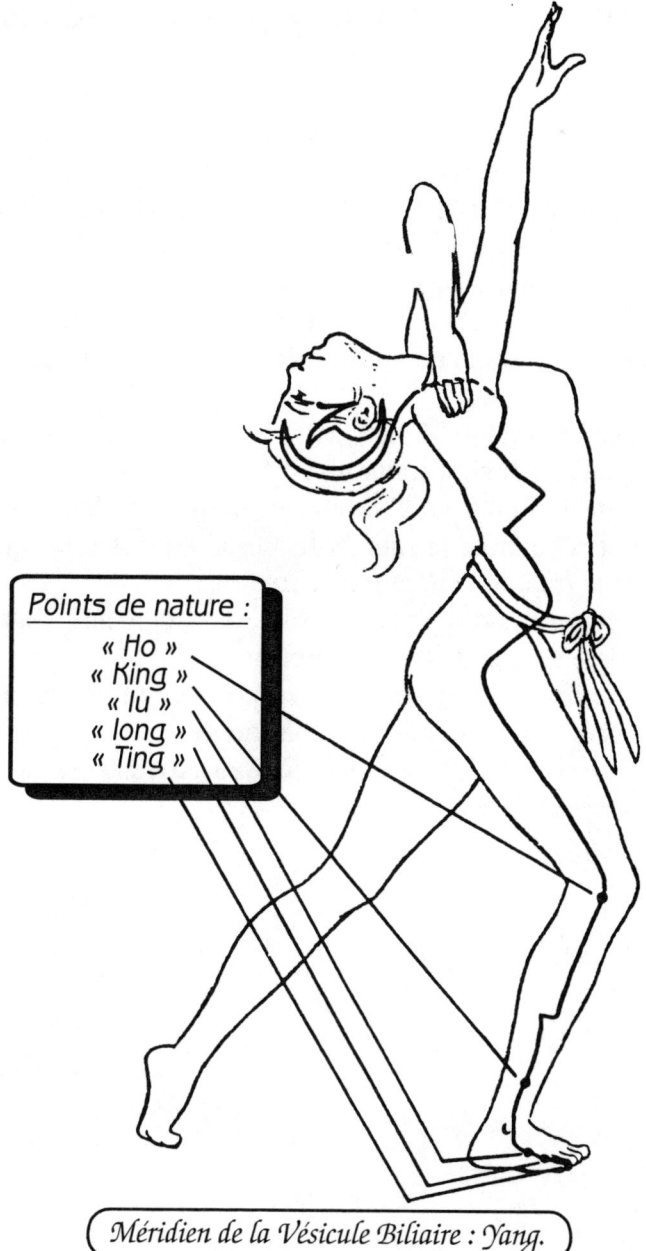

Points de nature :
« Ho »
« King »
« Iu »
« long »
« Ting »

Méridien de la Vésicule Biliaire : Yang.

Le méridien du Foie *(signe astrologique chinois du Buffle)*

Le Foie correspond au Principe du Bois, au Printemps. Il permet le stockage des éléments nutritifs et régule ainsi l'Énergie nécessaire à l'activité générale. Il détermine aussi la capacité de résistance à la maladie en débloquant l'Énergie nécessaire aux mécanismes de défense en cas d'agression de la maladie. Il joue enfin un rôle important dans l'alimentation, la décomposition et la désintoxication du sang.

C'est par sa relation étroite avec le sang (production et composition) qu'il peut jouer un rôle aussi important dans le processus immunitaire. Il draine les toxines, règle la coagulation et régularise le métabolisme. C'est enfin lui qui détermine la qualité générale de l'Énergie.

Sur le plan physiologique, le Foie est associé aux yeux, aux muscles, aux tendons, aux ongles.

Au niveau psychologique il correspond à la perception, à l'imagination, à la création, à l'harmonie.

Son heure solaire de marée énergétique maximale se situe de 1 à 3 heures.

LES POINTS D'INTERSECTION SUR L'ÉNERGIE

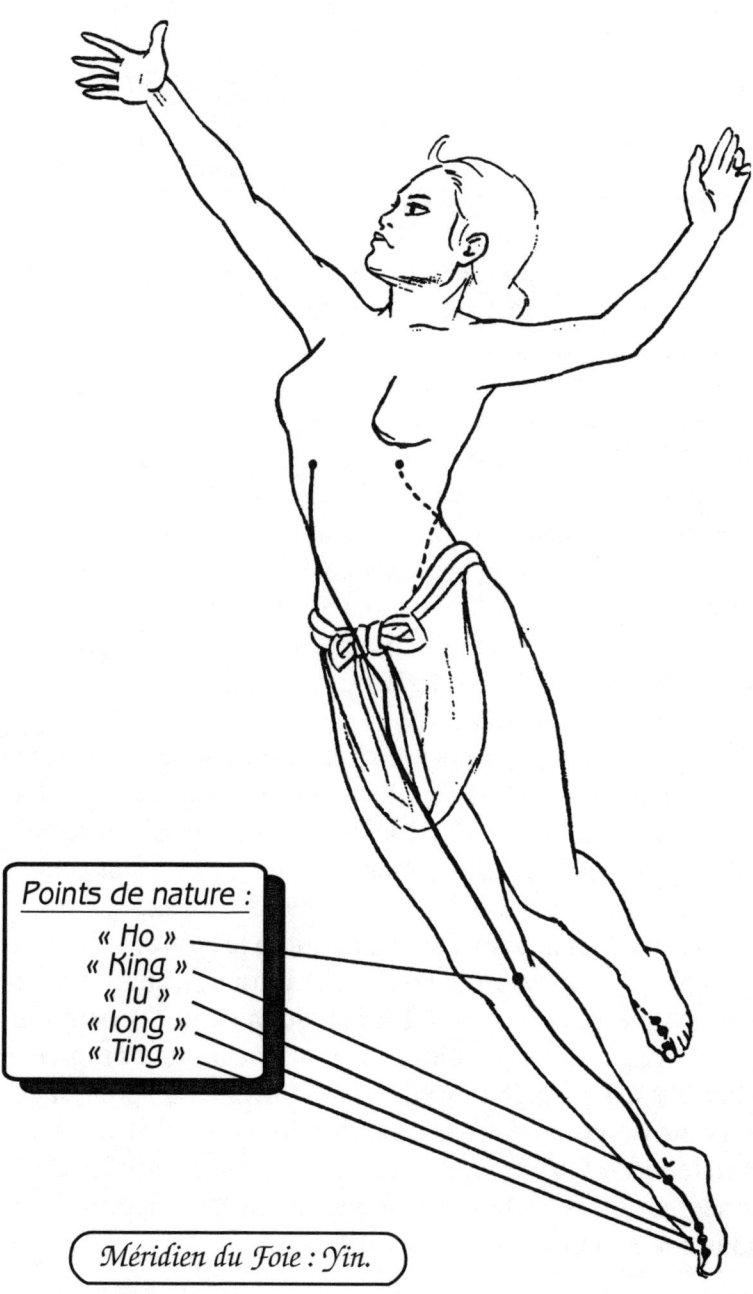

Points de nature :
« Ho »
« King »
« Iu »
« long »
« Ting »

Méridien du Foie : Yin.

Les points d'intervention sur l'Énergie

Les points d'assentiment

L'étude de ces points nous permet de comprendre vraiment ce qui joue un grand rôle dans l'efficacité de la Pratique taoïste d'Harmonisation. En effet, lors de la Pratique générale, et comme le schéma suivant vous le montre, le massage vient appuyer régulièrement et de manière progressive sur ces fameux points d'assentiment, leur permettant ainsi de jouer leur rôle régulateur de l'Énergie.

Tous les points d'assentiment et d'alarme sont utilisés dans la Pratique générale complète. Il n'est donc pas nécessaire de les utiliser individuellement. Je donne ces explications simplement parce qu'elles permettent de comprendre une partie essentielle de l'efficacité de la Pratique taoïste des Énergies et du Shiatsu.

Ces points d'assentiment se situent tous sur le dos et sont positionnés sur le méridien de la Vessie. Ils sont considérés comme des « robinets de purge » de l'ensemble de la circulation énergétique. Ils permettent donc, grâce à leur action directe et indirecte sur les méridiens, d'éliminer les trop-pleins, mais sans disperser l'Énergie excessive, leur permettant, par le système des vases communicants, d'aller dans les méridiens vides. Cela fonctionne ainsi à condition que l'on agisse sur tous les points d'assentiment du partenaire. Il est donc préférable de ne pas travailler un point seul, à moins de compléter ce travail, comme le font les acupuncteurs, par un travail sur d'autres points du méridien concerné. Mais cette pratique purement thérapeutique ne nous concerne pas.

LES POINTS D'INTERSECTION SUR L'ÉNERGIE

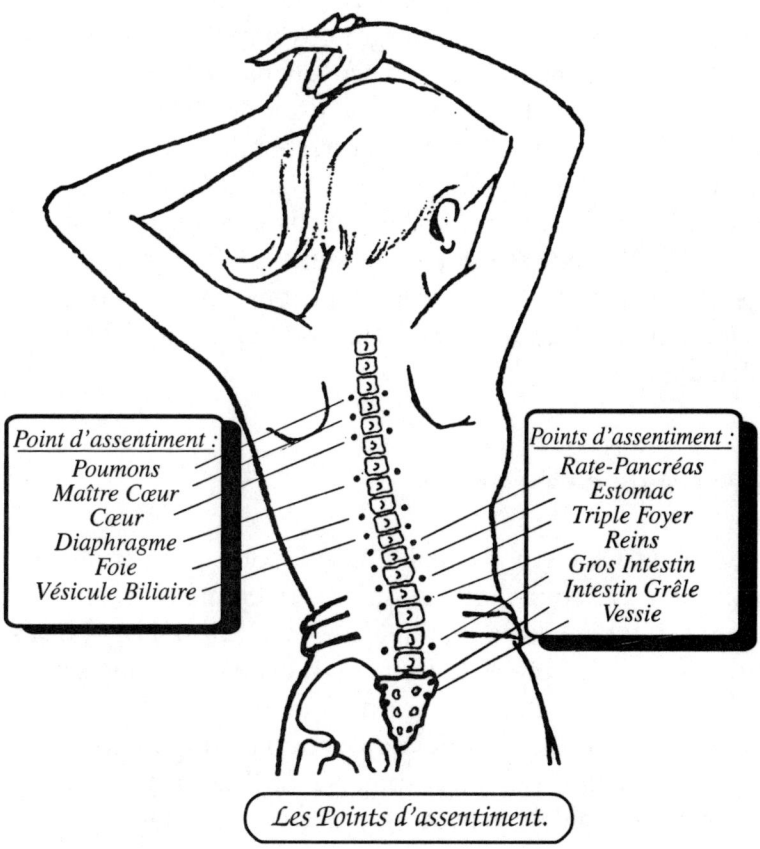

Les Points d'assentiment.

Les points d'alarme

Ils se situent, quant à eux, entièrement sur la face avant du corps. Ils sont eux aussi directement en relation avec les organes et les viscères. On les considère comme des robinets de charge (et non de purge) des méridiens et des viscères qui leur sont associés. Ils peuvent parfois être sensibles au toucher et c'est alors le signe d'un déséquilibre sur le méridien et le viscère qui leur correspond. C'est pour cette raison qu'on les appelle points d'alarme ou aussi points hérauts (celui qui sonne l'alarme). Ils sont localisés sur la poitrine et le ventre et doivent être massés avec précaution. Leur efficacité est aussi grande que celle des points d'assentiment dont ils sont en fait les points idéalement complémentaires.

Les points de saison

Ce sont les Cinq points de base à connaître sur chaque méridien. La bonne utilisation de ces points représente le complément idéal à la Pratique taoïste d'Harmonisation des Énergies. Je les présente ici mais il est évident que savoir les utiliser demande une formation. À travers eux, nous allons pouvoir aller au-delà du général vers le particulier en intervenant d'une façon précise sur l'Énergie de tel ou tel méridien que nous avons repérée comme étant en déséquilibre. Ces points permettent d'agir tant sur la quantité de l'Énergie que sur sa qualité.

Ces points sont en relation directe avec la loi des Cinq Principes. Il y a en effet Cinq Principes, auxquels sont associés cinq organes, puis cinq entrailles et enfin cinq saisons. À chaque organe correspondent un principe et une saison.

L'HARMONIE DES ÉNERGIES 195

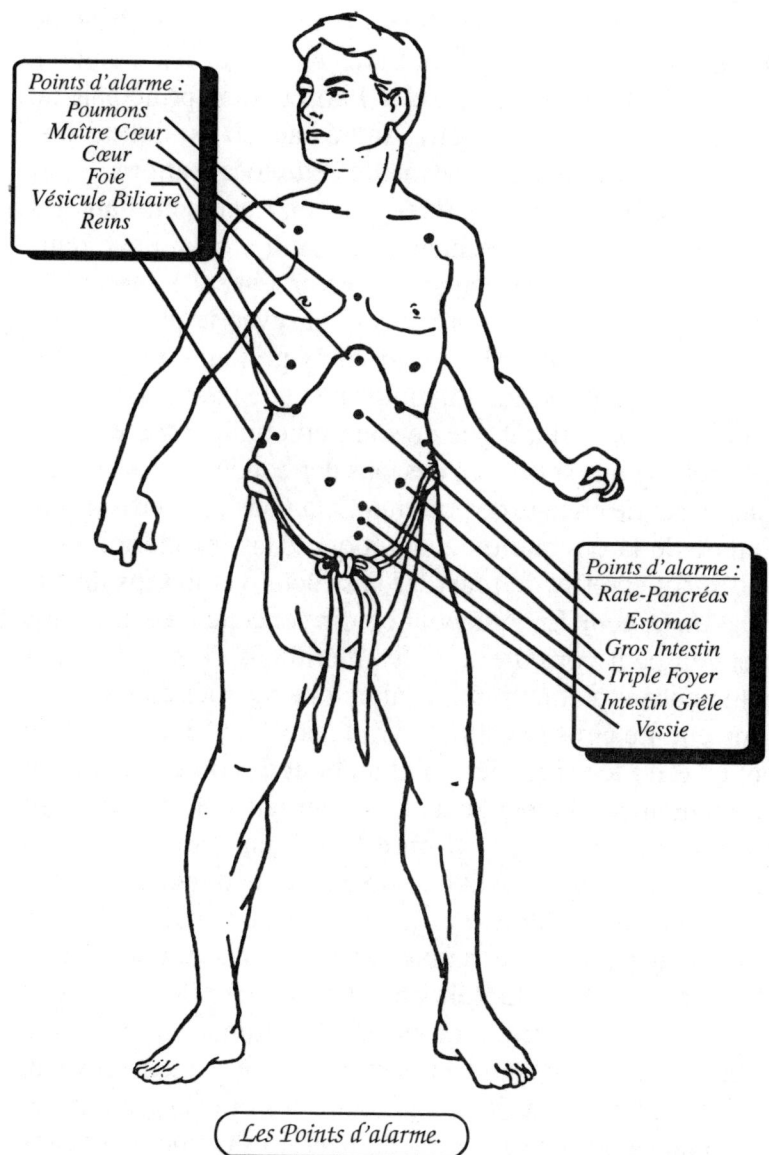

Les Points d'alarme.

À chaque organe est aussi lié un point associé au Principe et à la saison. Les points sont tous situés sur les membres et entre l'extrémité des doigts et l'articulation principale de ce membre (coude ou genou). André Faubert explique d'une façon simple et claire la raison de cette localisation :

« L'Énergie est manœuvrée plus efficacement dans les endroits où elle tend à changer de nature, c'est donc dans les zones où l'Énergie Yang va devenir Yin et l'Énergie Yin va devenir Yang que l'on pourra agir avec le plus de succès. Cela est en accord avec le vieux principe oriental qui dit que l'on doit profiter du mouvement de l'adversaire pour le déséquilibrer plutôt que de son immobilité. Or c'est bien dans les régions situées en dessous des coudes et des genoux que l'Énergie change de polarité. Cela nous est confirmé par l'étude de la circulation énergétique dans les méridiens. »

Il suffit en effet de regarder la structure et le sens de circulation de cette Énergie pour confirmer cette idée. Dans les bras, on peut constater que les méridiens de nature Yang commencent aux extrémités alors que les méridiens Yin y finissent. Le Gros Intestin, le Triple Foyer et l'Intestin Grêle ont en effet leur premier point au bout des doigts alors que le Poumon, le Maître Cœur et le Cœur ont leur dernier point au bout de ces doigts. Il en est de même au niveau des jambes avec simplement une inversion de polarité. Ce sont les méridiens de nature Yin qui naissent aux extrémités alors que les méridiens de nature Yang y finissent. La Rate-Pancréas, le Foie et le Rein ont leur premier point au niveau du pied ou des orteils alors que l'Estomac, la Vésicule Biliaire et la Vessie ont leur dernier point à ce même niveau.

Cette disposition différente entre les bras et les jambes s'explique elle-même très facilement. Les jambes sont dans la partie inférieure du corps, vers, en contact et en relation avec la Terre de nature Yin. Il est donc logique que les méridiens Yin y prennent leur source et que les méridiens Yang

LES POINTS D'INTERSECTION SUR L'ÉNERGIE 197

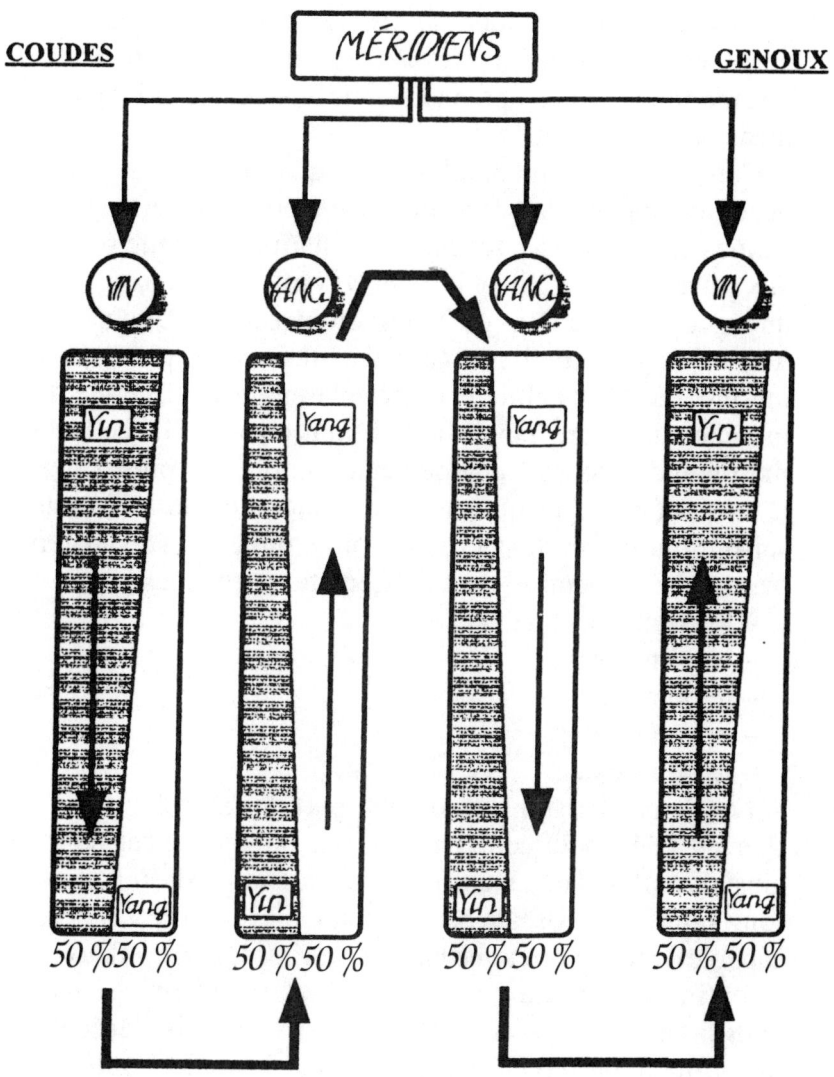

DOIGTS ET ORTEILS

Les bascules de polarité.

y finissent. Les bras sont eux dans la partie supérieure du corps, vers et en relation avec le Ciel qui est de nature Yang. Les méridiens Yang y prennent donc leur source et les méridiens Yin y finissent.

Cette simple et inébranlable logique préside aussi à la dénomination et à la localisation de ces points. En effet, nous venons de voir que les bascules de polarité Yin/Yang se font aux extrémités. Le Yin et le Yang y sont en équilibre, quelle que soit la nature (Yin ou Yang) du méridien. Cette nature Yin ou Yang prend son caractère dominant au fur et à mesure que l'on s'éloigne de ces extrémités. L'Énergie du méridien de nature Yin devient de plus en plus Yin, celle du méridien de nature Yang devenant de plus en plus Yang. C'est pour cela que, quel que soit le méridien, les points de saison sont placés dans le même ordre qui est le suivant, en partant des extrémités vers l'articulation principale :

– le point Ting ;
– le point Iong ;
– le point Iu ;
– le point King ;
– le point Ho.

Les taoïstes assimilent, d'autre part, les méridiens à des fleuves. C'est pour cette raison qu'ils ont appelé ces points ainsi. En effet, Ting, signifie « source, endroit d'où jaillit », Iong signifie « ruisseau, petit courant », Iu signifie « rivière, capable de transporter une barque », King signifie « fleuve » et, enfin, Ho signifie « estuaire, endroit où le fleuve se jette dans la mer ». Or le point Ho, qui est situé vers l'articulation principale (coude ou genou), est justement celui où l'Énergie pénètre en profondeur (se jette) dans le corps.

Voilà pour l'histoire de ces points de saison. Intéressons-nous maintenant à leur utilité. Comme nous venons de l'évoquer, les méridiens sont des fleuves, les points de saison représentent certains endroits de ces fleuves. Comme pour

Les Points de saison.

un fleuve que l'on peut réguler, ils vont permettre d'agir sur la circulation, sur l'écoulement de ce flot qu'est l'Énergie.

Le point Ting permettra d'agir à la source, le point Iong d'agir vers le début de son écoulement, le point Iu là où il prend de l'ampleur, le point King là où il est en pleine force et, enfin, le point Ho juste avant qu'il ne se jette dans le corps. Le professionnel va donc pouvoir agir sur la quantité d'Énergie en régulant, en harmonisant son débit. C'est ce qui explique l'action de ces points sur la quantité d'Énergie.

Mais comme je vous l'ai signalé précédemment, ces points sont aussi en relation avec les Cinq Principes. C'est cette relation qui va expliquer l'action qualitative que l'on peut avoir à travers eux. Nous savons en effet que la qualité de l'Énergie d'un méridien est en relation directe avec la saison associée au Principe dont il dépend. Le Poumon dépend du Principe du Métal, auquel est associé l'Automne. C'est donc en Automne que la charge qualitative du méridien du Poumon va s'établir (la charge quantitative s'effectuant journellement pendant la marée énergétique). En jouant sur la correspondance de chaque point de saison avec une saison donnée, il devient possible d'intervenir sur la qualité de l'Énergie circulant dans un méridien. D'où leur nom.

La dernière remarque concerne la différence de correspondance avec les saisons et ces points s'ils sont situés sur un méridien d'organe (Yin) ou un méridien de viscère (Yang). En effet, les livres anciens nous disent : « Le point Ting des Yin est Bois, le point Ting des Yang est Métal. »

Cette différence s'explique à plusieurs niveaux. Le Yin symbolise la souplesse, la création et ce qui pousse comme le Bois ; le Yang symbolise la défense, la protection, le dur, comme le Métal. D'autre part, nous avons vu que ces points de saison sont placés en fonction du niveau d'équilibre Yin/Yang dans les méridiens. Or le Yang tempère, contrôle ou inhibe le Yin, comme l'indique la tradition. Le Ting du Yin étant Bois, il est donc logique que celui du Yang soit Métal, puisque dans la loi des Cinq Principes, c'est le Métal qui contrôle le Bois.

Le Ting du Yin étant Bois, nous obtenons donc pour les méridiens Yin (organes) les correspondances suivantes :

LES POINTS D'INTERSECTION SUR L'ÉNERGIE

Nom du point	Principe correspondant	Saison correspondante
Ting	Bois	Printemps
Iong	Feu	Été
Iu	Terre	Fin de saison
King	Métal	Automne
Ho	Eau	Hiver

Chaque méridien d'organe va posséder cinq points appelés Ting, Iong, Iu, King, Ho qui correspondront chacun à une saison donnée.

D'autre part, « le Ting du Yang étant Métal », nous obtenons donc pour les méridiens Yang (entrailles) les correspondances suivantes :

Nom du point	Principe correspondant	Saison correspondante
Ting	Métal	Automne
Iong	Eau	Hiver
Iu	Bois	Printemps
King	Feu	Été
Ho	Terre	Fin de saison

Chaque méridien de viscère va donc lui aussi posséder Cinq points de saison correspondant chacun à une autre saison.

Vous trouverez la localisation de ces points sur chaque planche de méridien de cet ouvrage, une énumération ici n'apportant rien de plus.

Nous avons vu l'histoire de ces points de saison, nous venons de voir leur double utilité, je vais évoquer maintenant leur usage pour un professionnel. Lorsque l'Énergie d'un méridien présente un caractère de déséquilibre lié à sa qualité, il est possible d'intervenir grâce aux points de saison. En effet, si lors de la prise des pouls, on constate, par exemple, sur le méridien du Rein (pouls dur et en profondeur) les caractéristiques du pouls du Foie (légèrement tendu et long), il faudra intervenir sur le point de l'Eau (Principe du Rein) pour redonner au Rein sa charge qualitative.

On se sert de ces points en tonification, c'est-à-dire en massant circulairement dans le sens des aiguilles d'une montre. On doit en effet toujours chercher à rétablir le qualitatif manquant et non chercher à chasser celui que l'on sent à sa place. En ce qui concerne le quantitatif, nous avons vu le rapport que ces points ont avec l'équilibre Yin/Yang de l'Énergie dans un méridien. En agissant sur les points source (Ting), ruisseau (Iong), rivière (Iu), fleuve (King) ou estuaire (Ho), on peut intervenir sur le niveau de blocage de l'Énergie. Ce travail demande cependant une qualité et une finesse de repérage qui ne peuvent être obtenues qu'après une longue pratique.

Mais c'est aussi parmi ces points de saison que nous allons trouver les points de tonification et de dispersion de l'Énergie, qui sont pour nous d'un usage plus simple et plus abordable.

Les points de tonification et de dispersion

Chacun des douze méridiens comporte en effet un point de tonification et un point de dispersion. Ces deux points vont nous permettre d'agir sur la quantité d'Énergie circulant dans un méridien, soit en tonifiant le point de tonification, soit en dispersant le point de dispersion.

C'est à nouveau la loi des Cinq Principes qui va nous expliquer pourquoi ces points permettent de tonifier ou de disperser. Nous savons que, au-delà des classifications qualitatives qu'elle établit, la loi des Cinq Principes s'articule autour de deux autres lois internes qui sont la loi Mère Fils ou loi d'Engendrement et la loi d'Inhibition ou loi de Contrôle (voir pages 53 et 55).

Or, dans la philosophie taoïste, pour donner des forces à un méridien, on tonifie sa mère. Au contraire, lorsqu'on veut enlever l'excès de force d'un méridien, on disperse le fils de ce méridien. Partant de ce principe et connaissant l'ordre Mère Fils établi par la loi des Cinq Principes, on peut facilement déterminer un point de tonification ou de dispersion. Prenons par exemple le méridien du Foie. Nous savons que sa mère est le Rein. Ce Rein est associé au Principe de l'Eau et l'Eau correspond au point Ho pour les méridiens d'organes (Yin). Le point de tonification du Foie est donc son point Ho, c'est-à-dire le point n° 8 du méridien du Foie.

En continuant ce raisonnement, pour disperser le méridien du Foie, nous allons chercher qui est le Fils du Foie : c'est le Cœur. Le Cœur est associé au Principe du Feu et le Feu correspond, au niveau des méridiens Yin, au point Iong. Le point de dispersion du Foie est donc son point Iong, c'est-à-dire le point n° 2 du méridien du Foie. Il suffit de procéder de la même manière pour les méridiens d'entrailles, en n'oubliant pas le décalage point/Principe qui existe avec les organes (le point Ting des Yin est Bois et le point Ting des Yang est Métal).

Nous pouvons ainsi déterminer pour n'importe quel méridien quels sont ses points de tonification et de dispersion.

Il reste cependant une précision importante à apporter au sujet des techniques de tonification et de dispersion.

La loi Mère Fils nous dit en effet que pour tonifier un méridien il faut tonifier sa mère. En partant de ce principe qu'il ne faut jamais oublier, il sera donc bien de tonifier un méridien, qui en présente la nécessité, sur son point de tonification, ainsi que sur le point de tonification du méridien de sa mère.

Reprenons notre exemple du méridien du Foie. Pour le tonifier, nous allons donc tonifier son point Ho, ainsi que nous l'avons vu. Mais, selon la loi Mère Fils que nous venons d'énoncer de nouveau, nous allons aussi devoir tonifier le point de tonification de la mère du Foie qui est le

Rein. Son point de tonification est le point King n° 7 du méridien du Rein, puisque sa mère est le Poumon qui est associé au Métal. Or, pour les méridiens Yin (organes), le Métal est King. Pour tonifier le méridien du Foie, nous allons donc devoir tonifier les points Ho n° 8 du Foie et King n° 7 du Rein.

La loi Mère Fils nous dit, en revanche, que pour disperser un méridien, il faut disperser son fils. Partant de ce principe, pour disperser un méridien en excès, nous allons donc disperser son point de dispersion ainsi que celui de son fils. Revenons à notre exemple du Foie. Pour le disperser, nous allons donc disperser son point Iong, mais nous allons aussi devoir disperser le point de dispersion de son fils, c'est-à-dire le Cœur. Le point de dispersion du Cœur est son point Iu n° 7, puisque le fils du Cœur est la Rate-Pancréas qui est associée à la Terre, elle-même associée au point Iu (pour les méridiens Yin). Pour disperser le méridien du Foie, nous allons donc devoir disperser les points Iong n° 2 du Foie et Iu n° 7 du Cœur.

Pour chaque méridien existant à droite et à gauche du corps, nous allons toujours tonifier ou disperser quatre points pour effectuer une tonification ou une dispersion efficace. On commence toujours par les points du méridien concerné, puis on termine par ceux de sa mère. De plus, on commence toujours par le point du côté droit et on termine par celui du côté gauche. Rappelons enfin que, pour tonifier un point, on doit le masser en tournant dans le sens des aiguilles d'une montre et que, pour disperser un point, on doit le masser dans le sens inverse des aiguilles d'une montre. Pour la localisation de ces points, il suffira de vous reporter aux planches des méridiens de ce livre, pages 168 à 190.

Conclusion

Je conclurai en revenant sur les grandes lignes d'éthique que je n'ai cessé de répéter au cours de cet ouvrage.

La Pratique taoïste des Énergies et le Shiatsu sont des outils de travail énergétique efficaces, précis, puissants et profonds. Le pratiquant se doit d'en faire un usage juste. Avoir rencontré ces approches dans un livre ne donne en aucune façon une qualité technique suffisante pour en faire un moyen d'action sur l'autre. Le pratiquant professionnel a appris cela et il reste clair et sans intention dans sa pratique, ne donnant à ses partenaires que ce qu'ils attendent et non ce qu'il pense être bien pour eux. S'ils lui semblent présenter un déséquilibre dont ils n'ont pas conscience, il leur propose le choix de le régler ou non, en leur décodant les causes et les incidences de ce déséquilibre. Mais il ne le fait jamais d'office car personne n'est à même de pouvoir juger ce que les autres ont à vivre ou non.

Par rapport à vous-mêmes et à votre éventuelle pratique, ayez à la fois beaucoup d'humilité, de patience et de confiance. Le but de cet ouvrage est de vous apporter un peu de connaissance et, je l'espère, d'envie d'aller plus loin vers une pratique personnelle et, pourquoi pas, professionnelle.

Ayez beaucoup d'humilité parce que nous touchons à des domaines dont l'ampleur et la profondeur nous dépassent complètement. Si vous sortez de ce livre en ayant le sentiment que vous savez tout, ce sera alors un échec pour vous et pour moi. Nous n'aurons fait que jouer aux apprentis sorciers. Si, en revanche, vous sortez de cet ouvrage en ayant le sentiment que vous ne savez rien, il sera alors réussi pour vous-même et pour moi. Vous apporterez beaucoup autour de vous et à vous-même. Le savoir que vous aurez acquis pourra alors progresser et intéresser un plus grand nombre d'individus. Quelle meilleure reconnaissance existe-t-il pour une pratique que d'être appréciée et reconnue ? Quelle meilleure satisfaction y a-t-il pour celui qui le pratique ?

Ayez aussi beaucoup de patience, car il existe pour toute chose et tout individu un temps incompressible de maturation. Les connaissances ont besoin de se mettre en place à leur rythme et en fonction de la « disponibilité » de chacun. Elles vont s'imbriquer à l'intérieur de chacun et de son histoire en fonction de son degré d'ouverture, de sa capacité à lâcher prise face aux structures habituelles de la pensée, de sa capacité d'humilité face à l'« Univers », à la « Création », de son recul face aux faits ou aux événements. Cette distanciation essentielle ne signifie en aucune manière le désintérêt ou la suffisance égotiste, mais bien au contraire la capacité de vision claire et de respect, de « discerner », d'être plus juste, moins émotif et par conséquent moins réducteur et plus positivement créatif.

Le pratiquant a besoin de beaucoup de patience. Il n'attend pas de résultat immédiat à son travail et à son investissement personnel. Il ne cherche pas à résoudre directement et immédiatement une symptomatique (sauf bien entendu en cas de nécessité évidente comme un état de crise par exemple). « *Allez vers le global et vous toucherez à la source ; réglez, rééquilibrez le global et vous rééquilibrerez la source* », me disait l'un de mes premiers maîtres en Shiatsu.

Le pratiquant est enfin modeste et serein. Il ne cherche pas et n'attend pas la reconnaissance des autres, bien que cela soit très humain, satisfaisant et valorisant. Il reste à sa place qui est celle d'un pratiquant de Pratique taoïste et de Shiatsu. Le partenaire reste ainsi à la sienne qui est celle d'un partenaire. Personne n'est débiteur ou créditeur de l'autre. Chacun bénéficie de l'autre en se réalisant sur le plan où il se situe. Si cette réalisation apporte en plus une reconnaissance, ce n'est qu'un plus, certes agréable, et qui peut sembler justifié, mais que le pratiquant ne doit en aucun cas attendre comme un dû. L'expérience m'a même montré à de nombreuses reprises que la non-attente de cette reconnaissance est ce qui permet de l'obtenir, car une pratique mentalement désintéressée est toujours plus juste et efficace.

Merci pour l'intérêt dont vous avez fait preuve en lisant cet ouvrage. S'il a pu et su accrocher votre intérêt, j'en serai très heureux. Il me restera alors à vous souhaiter « bonne route » sur ce chemin que vous venez d'emprunter et sur lequel vous aurez peut-être envie de continuer.

Lexique des techniques évoquées et conseillées

Aïkido : art martial japonais, créé par Maître Morihei Ueshiba. La pratique de l'Aïkido permet d'harmoniser les Énergies et de recentrer le pratiquant par rapport à lui-même et à l'environnement. Le rapport à l'autre et à soi-même se clarifie et l'on est obligé d'aller à l'essentiel. Comme le disait son créateur, l'Aïkido c'est l'Amour et il nous relie à l'Énergie de l'Univers.

Chi Qong : technique énergétique chinoise millénaire, gestuelle et respiratoire qui permet au pratiquant de rééquilibrer ses Énergies et de les harmoniser. Elle est utilisée en Chine, notamment en milieu médical, comme assistance dans les traitements du cancer et permet d'obtenir des résultats surprenants.

Diététique énergétique chinoise : technique diététique millénaire qui ne tient aucun compte des lipides, glucides, protides ou autres, mais s'appuie sur le niveau énergétique des aliments. Les saveurs de chaque mets sont codifiées et prescrites en fonction des Cinq Principes. Il existe même en Chine des restaurants spécialisés où les malades vont consommer les prescriptions médicales.

Kototama : technique japonaise retrouvée et recréée par Maître Nakasano, par ailleurs maître d'Aïkido, qui utilise les sons pour travailler les Énergies dans le corps.

Kyudo : tir à l'arc traditionnel japonais.

Pratique taoïste d'Harmonisation des Énergies : méthode holistique d'Harmonisation des Énergies élaborée par l'auteur. Dérivée du Shiatsu japonais et des techniques de massage chinois, elle est particulièrement adaptée aux Occidentaux. Ouverte à tous et enseignée sous forme de cours et de séminaires, elle participe amplement à l'hygiène et à l'équilibre de vie des pratiquants. Des cycles de formation sont ouverts pour les professionnels et ceux qui souhaitent le devenir.

Shiatsu : technique japonaise de massage énergétique basée sur des appuis/relâchés au niveau des points du corps appelés « tsubos ».

Tai-Chi-Chuan : technique corporelle gestuelle chinoise, plus connue comme étant la fameuse gymnastique que pratiquent les Chinois dans les rues. Sa pratique régulière permet de réguler, d'harmoniser la circulation des Énergies dans le corps.

Bibliographie et livres recommandés

Le Livre du Shiatsu, Wataru Ohashi,
   éd. L'Étincelle.
Le Massage, Lucinda Lidell,
   éd. Robert Laffont.
Pratique du massage chinois, Dr Chen You-wa,
   éd. Robert Laffont.
Médecine chinoise, médecine totale, Jacques-André Lavier,
   éd. Grasset.
Soins et techniques du corps, Pierre Huard et Ming Wong,
   éd. Berg International.
Traité didactique d'acupuncture chinoise, André Faubert,
   éd. Guy Trédaniel.
Traité de médecine chinoise, Dr A. Chamfrault,
   éd. Chamfrault.
Zen et Shiatsu, Shizuto Masunaga,
   éd. Guy Trédaniel.

Table des matières

Préface 9

L'Harmonie des Énergies 11

Première partie

Présentation philosophique générale 15
Concept et philosophie énergétiques 18
L'Énergie dans l'homme 26
La loi des Cinq Principes 31
   – *Le Principe du Bois* 38
   – *Le Principe du Feu* 41
   – *Le Principe de la Terre* 44
   – *Le Principe du Métal* 47
   – *Le Principe de l'Eau* 50
Les lois d'Engendrement et d'Inhibition 53
Les Énergies déséquilibrantes 57
   – *Les causes exogènes* 57
   – *Les causes endogènes* 60
Les Psychés organiques 62
   – *Le Chenn* 65
   – *Le I* 68

- *Le Prô* 68
- *Le Tché* 69
- *Le Roun* 70
Les Chakras 74
- *Chakra racine* 77
- *Chakra du hara* 77
- *Chakra du plexus solaire* 78
- *Chakra du plexus cardiaque* 78
- *Chakra de la gorge* 79
- *Chakra du troisième œil* 79
- *Chakra couronne* 80
Les incidences corps/esprit 82

Deuxième partie

Les techniques de massage Shiatsu 89
- *Le but et la philosophie de la Pratique taoïste des Énergies et du Shiatsu* 90
- *La technique de base* 92

Troisième partie

Explications théoriques techniques 139
Les techniques de repérage 141
- *Le repérage par la typologie* 141
- *Le repérage par l'interrogation* 145
L'observation des zones de la langue et de l'œil ... 150
- *L'observation de la langue* 150
- *L'observation de l'œil* 151
L'observation des zones du dos et du ventre 153
- *L'observation du dos* 153
- *L'observation du ventre* 155
Le repérage par les pouls énergétiques chinois 155

– *Les pouls radiaux* 160
Les douze méridiens énergétiques 168
– *Le méridien du Poumon* 168
– *Le méridien du Gros Intestin* 170
– *Le méridien de l'Estomac* 172
– *Le méridien de la Rate-Pancréas* 174
– *Le méridien du Cœur* 176
– *Le méridien de l'Intestin Grêle* 178
– *Le méridien de la Vessie* 180
– *Le méridien du Rein* 182
– *Le méridien du Maître Cœur* 184
– *Le méridien du Triple Foyer* 186
– *Le méridien de la Vésicule Biliaire* 188
– *Le méridien du Foie* 190
Les points d'intervention sur l'Énergie 192
– *Les points d'assentiment* 192
– *Les points d'alarme* 194
– *Les points de saison* 194
– *Les points de tonification et de dispersion* 202

Conclusion 205

Lexique des techniques évoquées et conseillées 209

Bibliographie et livres recommandés 211

Si vous souhaitez être tenu au courant des activités,
stages ou des formations proposés par l'auteur,
vous pouvez écrire ou téléphoner à

Michel ODOUL
Institut Français de Shiatsu
et de Psychologie Corporelle Appliquée
106, rue Monge
75005 Paris
Tél. : 01 45 87 83 17
www.shiatsu-institut.fr

CHEZ LE MÊME ÉDITEUR

Ouvrages publiés sous la direction de Michel Odoul

*Aroma Minceur, mincir en 21 jours
grâce aux huiles essentielles,*
par le Dr Jean-Pierre Willem, 2004.

*Aroma Stress, 50 stress de la vie quotidienne
traités par les huiles essentielles,*
par le Dr Jean-Pierre Willem, 2005.

*Aroma Famille, 100 petits maux de la vie quotidienne
traités par les huiles essentielles,*
par le Dr Jean-Pierre Willem, 2005.

*Aroma Allergies,
180 allergies traitées par les huiles essentielles,*
par le Dr Jean-Pierre Willem, 2006.

Se guérir grâce à ses images intérieures,
par Marie Lise Labonté et Nicolas Bornemisza, 2006.

Vers l'amour vrai. Se libérer de la dépendance affective,
par Marie Lise Labonté, 2007.

Composition IGS
Impression CPI Bussière, octobre 2009
à Saint-Amand-Montrond (Cher)
Éditions Albin Michel
22, rue Huyghens, 75014 Paris
www.albin-michel.fr

ISBN : 978-2-226-13373-1
N° d'édition : 14719/07. – N° d'impression : 092945/4.
Dépôt légal : août 2002.
Imprimé en France.